Zürich
– EINFACH WANDERVOLL –

– EINFACH WANDERVOLL –

Jeder Schritt ein Hit.

BEAT LOSENEGGER & MICHAEL ZÜRCHER

2013

WERDVERLAG

IMPRESSUM

1. Auflage

Vertrieb:
WERD & WEBER Verlag AG, Thun/Gwatt
www.werdverlag.ch
www.weberverlag.ch

Druck:
Speckprint, Baar
www.speckprint.ch

Layout:
a+o grafik design, Aarau
www.aografik.ch
Andra Kradolfer, Berlin

Schrift:
Brandon Text, HVD Fonts
www.hvdfonts.com

ISBN: 978-3-85932-714-6

INHALT

AUTOREN

Dank der gemeinsamen Leidenschaft fürs Wandern, vorzügliches Essen und ihr grosses Interesse an Stadt, Natur und Kultur entstanden mit der Zeit die Idee und die Motivation für dieses einzigartige und spannende Projekt.

Beat Losenegger

Nach dem Buch «Erfolgsimpulse für Fische, die das Fliegen lernen wollen» ist dies sein zweites Werk. Seine Leidenschaft für Zürich entdeckte Beat schon in seinen Jugendjahren. Diese Liebe zur Stadt blieb bis heute ungebrochen. Beat gestaltet seine Freizeit möglichst kreativ, interaktiv und spannend. Er ist ein Bewegungsmensch und trainiert gerne in der urbanen Natur von Zürich. Er liebt das Wandern und den Kontakt zu seinen Mitmenschen und will diesen mit «wandervoll» die Chance geben, auf eine «wandervolle» Art Neues zu entdecken.

Michael Zürcher

Michael liebt die Natur und lebt urban. Stadt und Natur sind für ihn gleichermassen wichtig. Dies verbindet er in «wandervoll». Ein gutes Essen in der Stadt mit Freunden oder eine Fahrt mit dem Bike durch die Zürcher Naturlandschaft sind für Michael keine Gegensätze, sondern bieten ihm vielmehr die Möglichkeit eines «wandervollen» Zugangs zu einer neuen Art von Erlebnis.

EIN WANDERVOLLES GRÜEZI AUS ZÜRICH!

Urban und Natur, Erlebnis pur: Dieses Buch nimmt dich mit auf eine ungewöhnliche Städtewanderung quer durch Zürich. Erkunde die Stadt auf Schusters Rappen und lerne Zürich auf zehn spannenden Etappen kennen. Entdecke auf unbekannten Pfaden die kleinste Weltstadt zwischen hektischem Business, buntem Nachtleben, urbanem Fortschritt und unberührter Natur. Erfahre Schritt für Schritt Spannendes über Zürichs Vergangenheit, dessen Entwicklung und Zukunft – und bekomme ein Gefühl dafür, wie die Menschen hier leben.

Zu Fuss erlebst du Zürich auf eine ganz neue Art. Architektonische Meisterleistungen und moderne Bauten begleiten dich auf deiner Reise genauso wie verborgene und unbekannte Ecken. Die Route führt dich durch wunderschöne Parks, wilde Bachtäler und trendige Quartiere. Du bist in engen Gassen unterwegs, kommst vorbei an belebten Plätzen und legendären Geschäften, geniesst die Aussicht von Hügeln herunter und erlebst die Faszination des Zürichsees.

Mit diesem Buch fühlst du zu Fuss den Puls der Stadt, die süchtig machen kann!

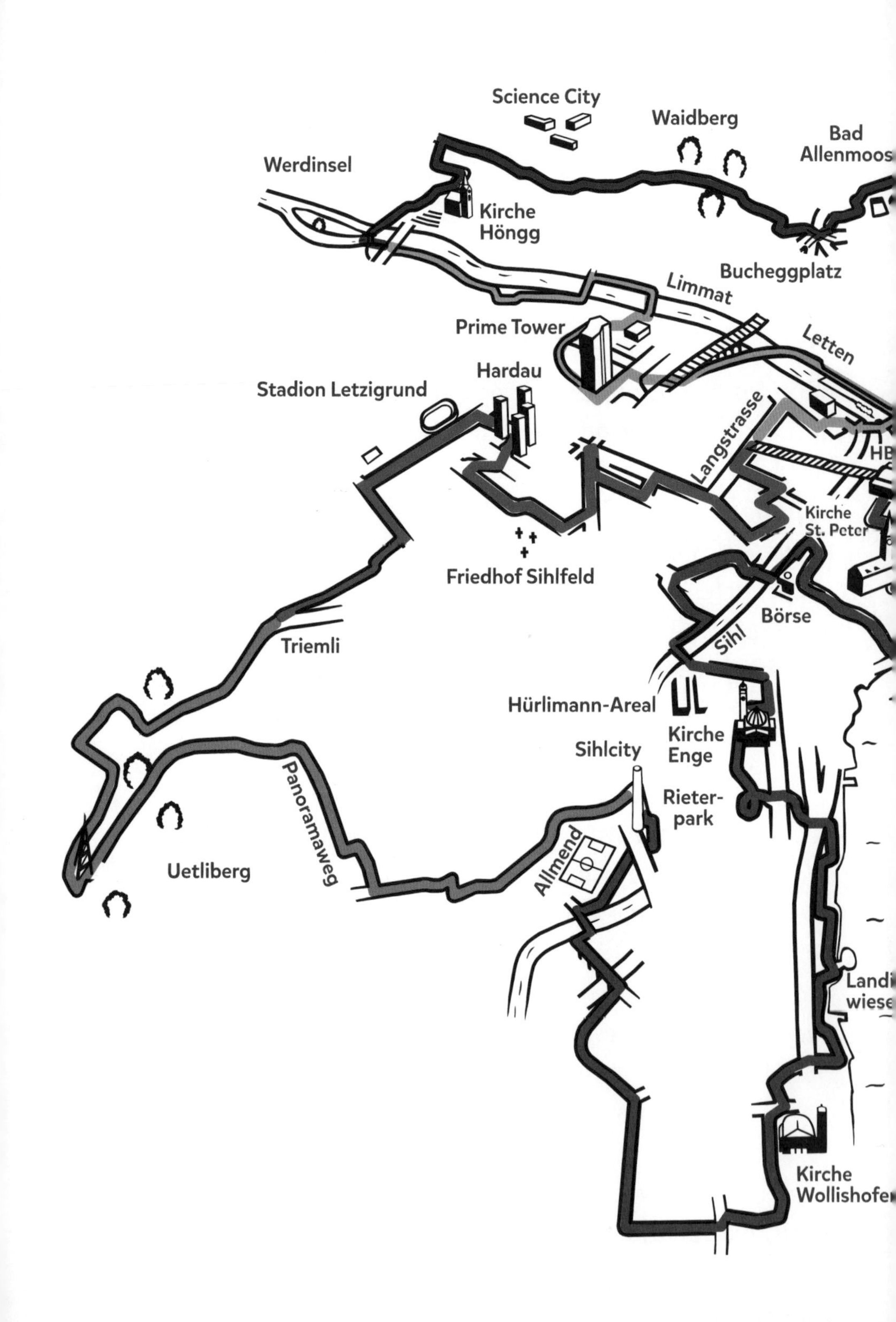
Science City
Waidberg
Bad Allenmoos
Werdinsel
Kirche Höngg
Bucheggplatz
Limmat
Prime Tower
Letten
Hardau
Stadion Letzigrund
Langstrasse
Kirche St. Peter
Friedhof Sihlfeld
Börse
Sihl
Triemli
Hürlimann-Areal
Kirche Enge
Sihlcity
Rieter-park
Panoramaweg
Uetliberg
Allmend
Kirche Wollishofe

ÜBERSICHTSKARTE

VORWORT

ZEHN ETAPPEN

Zehn Etappen, zehn Lebenswelten, zehn Reisen – eine Stadt!

Die Stadtwanderung ist in zehn Etappen unterteilt. Miteinander verbunden, bilden alle Etappen eine grosse Wanderschlaufe durch ganz Zürich und ermöglichen dir Einblicke in beinahe jedes Stadtquartier. Jede Etappe startet jeweils am Ziel der vorhergehenden Wanderung. Start und Ziel der gesamten Route ist der Hauptbahnhof Zürich. Das Buch liefert dir zu jeder Etappe Hintergrundinfos über geschichtliche

Vorkommnisse, besondere Gebäude oder zu weiteren Höhepunkten der Wanderung.

LÄNGE Die Etappen sind zwischen 6 und 9 Kilometer lang und können gut an einem Tag bewandert werden. Wir haben bewusst auf Zeitangaben verzichtet. Wer eine Etappe in normalem Tempo abwandert, benötigt dafür rund 2 bis 3 Stunden. Auf den Etappen gibt es jedoch viel zu erkunden. Wer auf der Wanderung auch das wandervolle Wanderrätsel auf der App lösen möchte, sollte pro Etappe 5 bis 6 Stunden einplanen. Die einzelnen Etappen können auch auf zwei Tage aufgeteilt werden.

Du musst die Etappen auch nicht zwingend in der beschriebenen Reihenfolge abwandern. Wir empfehlen dir aber, sie in der richtigen Laufrichtung unter die Füsse zu nehmen, so kannst du einfacher der Wegbeschreibung folgen.

KARTE So findest du dich auf der Route zurecht. Für jede Etappe gibt es im Buch eine Übersichtskarte. Zusätzlich findest du auch Detailkarten für diverse Etappenabschnitte. Die genaue Route und deinen exakten Standort kannst du bequem und einfach über unsere App abrufen.

ÖFFENTLICHER VERKEHR Der öffentliche Verkehr in Zürich ist sehr gut ausgebaut. Alle Etappen-Startpunkte erreichst du einfach mit den Verkehrsbetrieben Zürich VBZ. Im Buch haben wir jeweils eine Bus- oder Tramlinie ab Hauptbahnhof zum Startpunkt angegeben. Den Netzplan des ZVV findest du an jeder ZVV-Station oder im Internet unter www.zvv.ch.

WETTER UND AUSRÜSTUNG Im Prinzip kannst du alle Etappen zu jeder Jahreszeit und bei jeder Witterung erwandern. Bei gewissen Etappen solltest du dich jedoch versichern, dass die Wege bei Schnee geräumt und passierbar sind. Beachte dazu die Hinweise in den entsprechenden Kapiteln.

Obwohl viele Etappenstücke über Naturwege und durch den Wald führen, reichen bei schönem und trockenem Wetter Turnschuhe aus.

UNTERWEGS MIT KINDERN Die Route führt an vielen Spiel- und Rastplätzen vorbei und eignet sich für Kinder.

UNTERWEGS MIT HUNDEN In Zürich gibt es vereinzelt Gartenanlagen, in denen Hunde nicht erlaubt sind. Wir weisen in den Etappen darauf hin, wo man mit dem Hund einen anderen Weg wählen muss.

AHA!-HINWEISE Unter den Aha!-Hinweisen findest du speziell **hervorgehobene** Hintergrundinfos über Sehenswürdigkeiten oder geschichtliche Ereignisse in Zürich.

SENFER Jede Etappe ist gespickt mit Kommentaren von vier Charakteren, die ihren Senf zu bestimmten Orten oder Themen in der Etappe geben. Auf der nächsten Seite werden die Senfer einzeln vorgestellt.

S'MEITLI

Dieses kecke Mädchen sieht die Welt mit offenen Augen. Es ist verspielt, neugierig, unvoreingenommen und erfreut sich auch an kleinen Dingen, für die wir Erwachsenen schon längst keinen Blick mehr haben. «S'Meitli» Michelle Mathys geht als junges Mädchen auch im wirklichen Leben unvoreingenommen und mit offenen Augen durchs Leben.

DAS LANDEI

Diese Dame vom Land ist gutherzig und freundlich. Die Stadt ist ihr fremd und zu unpersönlich. Vielen urbanen Trends steht sie skeptisch gegenüber. Sie ist aber auch neugierig und kann vielem etwas Positives abgewinnen. Das «Landei» wird charakterlich durch Beatrice Saladin verkörpert, die tatsächlich auf dem Land wohnt und sich dort am wohlsten fühlt, aber dennoch offen ist, von Zeit zu Zeit Neues zu entdecken.

DER NÖRGELER

Ein intellektueller, kultivierter und kritischer Zeitgenosse, der gern alles hinterfragt. Er mag es, den Dingen auf den Grund zu gehen und Sinn und Zweck einer Sache zu ergründen. Der «Nörgeler» hat jeweils die kritischsten Ansichten und hinterfragt die Dinge manchmal etwas mehr als andere Leute. Dahinter steht Jevgenij Fuchs. Er wohnt nicht in Zürich und hatte dadurch einen mehrheitlich neutralen und sachlichen Standpunkt.

DER GROSS-SCHNURRI

Er ist Zürcher mit Leib und Seele. Er schöpft aus dem Vollen und tendiert zu Übertreibungen. Kritik an seiner Stadt nimmt er persönlich, denn etwas Besseres als Zürich existiert für ihn nicht. Sein Herz schlägt ganz eindeutig für die Stadt Zürich und der «Grossschnurri» propagiert dies auch beinahe in übertriebenem Masse: Daniel Käppeli ist ein junger Stadtzürcher, der seine Stadt überaus liebt.

WANDERVOLLE TIPPS

Das Buch liefert dir hilfreiche Tipps zu Restaurants, Hotels, Bars und Geschäften, die einen Besuch wert sind. Du erkennst die Tipps an ihrem gepunkteten Rahmen.

DEINE GEDANKEN

Nach jeder Etappe kannst du die Wanderung reflektieren und deine Eindrücke festhalten. Dazu geben wir dir Denkanstösse.

APP FÜR DEIN SMARTPHONE

Ergänzend zum Buch kannst du dir unsere App «wandervoll» auf dein Smartphone laden. Sie enthält die Routen der zehn Etappen, alle Ahas, zusätzliche Hintergrundinfos sowie Tipps zu Restaurants, Geschäften und Hotels. In der App findest du auch ein spannendes Wanderrätsel, bei dem du tolle Preise gewinnen kannst. Zudem kannst du mit der App attraktive Gutscheine unserer Partner einlösen.

Besuche unsere Website www.wandervoll.ch, folge uns auf Twitter (@wandervoll) und werde Fan unserer Facebook-Seite (www.facebook.ch/wandervoll).

Etappe 1

...

Hier beginnt eine besondere **Wanderung,** die dich auf neuen und unbekannten Wegen durch die **Stadt Zürich** führt. Die Route zieht dich in den Bann dieser besonderen **Metropole.** Hier spürst du das Leben, die **Trends und die Geschichte,** entdeckst versteckte Gassen und erfährst, was Zürich **so einmalig** macht.

START

Hauptbahnhof Zürich

ZIEL

Bahnhof Enge

DISTANZ

6,5 Kilometer

GUT ZU WISSEN

Für jede Jahreszeit geeignet
Keine Steigungen
Shopper kommen voll auf ihre Rechnung

HÖHEPUNKTE

Bahnhofstrasse – die Luxus-Shopping-Strasse

Lindenhof – der Platz in der Mitte

Schipfe – das einstige Handwerkerquartier

Fraumünster – durch den Kreuzgang sollst du gehen

Schanzengraben – der alte Wehrgraben von Zürich

Alter Botanischer Garten – der grüne Fleck im Zentrum

Sihl – die Sihl, die Starke

Hürlimann-Areal – von der Brauerei zur Flaniermeile

Etappe 1

●●●

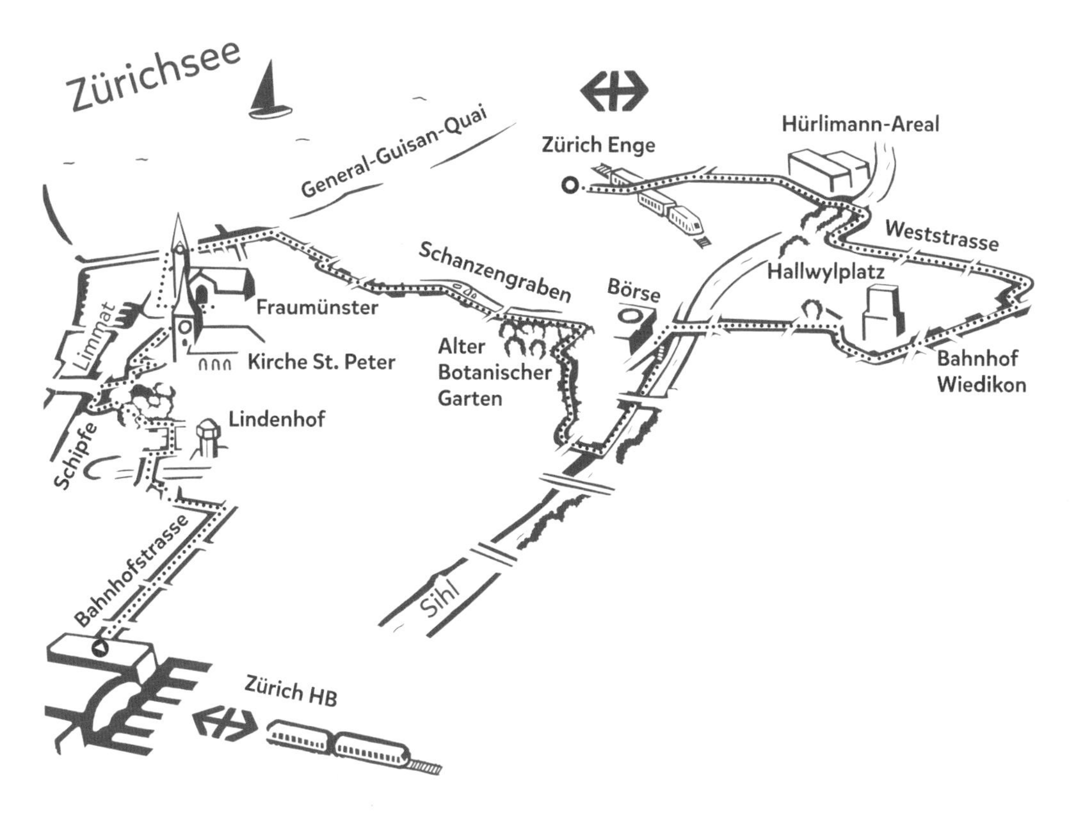
Zürichsee
General-Guisan-Quai
Zürich Enge
Hürlimann-Areal
Weststrasse
Hallwylplatz
Schanzengraben
Börse
Fraumünster
Kirche St. Peter
Alter
Botanischer
Garten
Bahnhof
Wiedikon
Limmat
Lindenhof
Schipfe
Bahnhofstrasse
Sihl
Zürich HB

IM HERZEN VON ZÜRICH

•••

Die erste Etappe beginnt urban. Sie führt dich teilweise auf Touristenpfaden kreuz und quer durch das Herz von Zürich: die kleine Altstadt, die früher auch «Mindere Stadt» genannt wurde. Auf deinem Weg begegnest du vielen Sehenswürdigkeiten und Geschäften. Auch wenn du glaubst, die Stadt schon zu kennen, zeigt dir diese Etappe viel Neues und Aussergewöhnliches.

Die Altstadt gehört zum Stadtkreis 1, der das ursprüngliche Gebiet der bis 1893 existierenden Flussstadt Zürich umfasste. Damals war der heutige Stadtkreis das eigentliche Stadtgebiet. Nach einem Streifzug durch die Altstadt, dem Genuss des wunderschönen Seeblicks und der Überwindung des Schanzengrabens gelangst du nach einem Spaziergang entlang der Sihl über Wiedikon zum Etappenziel beim Bahnhof Enge.

Bleicherweg
Bärenbrüggli
8 Min.
12 Min.
Museum

LOS GEHT'S...

HAUPTBAHNHOF ••• BAHNHOFSTRASSE

Bist du schon aufgeregt? Gut so. Jetzt geht es los. Deine Wanderung startet in der grossen Bahnhofshalle, die neben dem Bahnbetrieb für verschiedenste Anlässe wie Kulturevents, Messen und Wochenmärkte genutzt wird. Schau mal an die Decke der Bahnhofshalle, dort entdeckst du einen riesigen, schwebenden bunten Engel. Geschaffen wurde das «Pummelchen» von Niki de Saint Phalle, einer berühmten französisch-schweizerischen Malerin und Bildhauerin. Dieser Engel kennzeichnet den Start und das Ziel der gesamten Route. Wenn du nach zehn Etappen wieder hier ankommst, hast du über 75 Kilometer zurückgelegt und wirst um viele schöne Erinnerungen und Erlebnisse reicher sein.

AHA!

«Grüezi & willkomme in Züri!»

Der Hauptbahnhof wird seinem Namen mehr als gerecht, ist er doch mit fast 300 Zugfahrten pro Tag einer der meistfrequentierten Bahnhöfe der Welt. Der Bahnhof wurde ursprünglich wegen der «Spanisch Brötlibahn» gebaut, deren Züge die Passagiere ab dem Jahr 1847 in 45 Minuten auf der ersten Bahnstrecke der Schweiz von Baden nach Zürich führte.

BAHNHOFSTRASSE ••• WERDMÜHLEPLATZ

Verlasse den Bahnhof in Richtung Bahnhofstrasse durch das Seitenportal, das gegenüber der Engelsskulptur liegt. Überquere den vor dir liegenden Bahnhofplatz, vorbei am Brunnen mit dem Denkmal von Alfred Escher, dem «Grandseigneur der Eisenbahnen». Der Bahnhofplatz wirkt eher überfüllt und kleinflächig. Trotzdem ist es ein Platz voller Energie und Bewegung. Hier fühlst du den Puls von Zürich. Die Hektik ist nirgendwo sonst in der Stadt so gross wie hier. Wirf auch einen Blick zurück auf das imposante Bahnhofsportal. Nachdem du den Bahnhofplatz überquert hast, befindest du dich auf der fast anderthalb Kilometer langen, Boulevard-ähnlichen und weltbekannten Bahnhofstrasse. Eine würdige Startgerade für diese Etappe.

Das Landei: ***«Wow, das ist sie also, die weltberühmte Zürcher Bahnhofstrasse! Ganz schön nobel. Zugegeben, diese Strasse macht mir schon Eindruck. Aber wie so vielem Berühmten geht es auch der Bahnhofstrasse: Sie gefällt oder sie gefällt nicht.»***

Der Nörgeler: ***«Also mich nervt das ganze Geklotze hier. Als Inbegriff von Luxus und Reichtum ist die Bahnhofstrasse der Treffpunkt der Elite, die hier ungeniert ihre Konsumlust auslebt. Hier regiert das Geld. Egal ob man es hat oder zu haben vorgibt.»***

Hier sind die elegantesten, luxuriösesten und bekanntesten Geschäfte angesiedelt. Wer das nötige Kleingeld hat, bekommt hier alles, was das Herz begehrt.

AHA!
Die wilden 68er
Beim Einkaufshaus Globus am Ende der Pestalozzianlange fanden die unter dem Namen Globuskrawalle bekannten 1968er-Proteste statt. Sie waren der Auftakt für die 68er-Bewegung in der Schweiz. Ausgelöst wurden die Krawalle durch den Entscheid des Zürcher Stadtrats: Er wollte das damals leerstehende provisorische Gebäude des Warenhauses Globus nicht als autonomes Jugendzentrum nutzen.

Nach ungefähr 200 Metern entdeckst du auf der rechten Strassenseite einen kleinen Park, die **Pestalozzianlage.** Hier haben noch bis 1857 Hinrichtungen stattgefunden, weshalb der grüne Platz früher auch Henkerswiese genannt wurde. In der Mitte der Wiese steht eine Statue von Pestalozzi, dem berühmten und wohltätigen Schweizer Schul- und Sozialreformer und Philosophen. Von ihm rührt die Redensart «Ich bin doch nicht der Pestalozzi», was so viel heisst wie «Ich bin doch nicht dumm und gebe mein Geld unnötig aus». Ein Spruch der wohl so manchem beim Gedanken an die Bahnhofstrasse des Öfteren durch den Kopf gehen dürfte.

Am oberen Ende der Pestalozzianlage biegst du links von der Bahnhofstrasse in die Werdmühlestrasse ein. Wenn du zur vollen Stunde beim Eckhaus Bahnhofstrasse und Werdmühlestrasse vorbeigehst, kommst du in den Genuss eines Glockenspiels.

WERDMÜHLEPLATZ ··· LINDENHOF

Folge der Gasse bis zum innerstädtischen Werdmühleplatz. Den Platz überquerst du in Richtung der verkehrsreichen Uraniastrasse, vorbei am flachen Brunnen mit den neun Wasserfontänen. Die Wanderung führt dich weiter über die vor dir liegende steinerne Brücke. Dorthin gelangst du über den mit Fresken und frechen Kinderfiguren

verzierten Treppenaufgang, der etwas verborgen bei der Ecke des Amtshauses versteckt ist. Oben auf der Brücke angekommen hast du einen schönen Ausblick auf das gegenüberliegende Niederdorf sowie den 51 Meter hohen Uraniaturm. Unter dessen Kuppel befindet sich die Sternwarte. Apropos: Urania ist eine Ableitung von «Muse der Astronomie» aus der griechischen Mythologie und heisst übersetzt himmlisch.

S'Meitli: ***«Wow! Die Sterne sind zum Greifen nah. Ach, wie gross doch unser Universum ist! Ob es wohl Ausserirdische gibt?»***

AHA!

Den Sternen so nah

Die Sternwarte war der erste Betonbau in Zürich. Für sein Fundament wurden 48 Holzpfähle 12 Meter tief in den Boden gerammt. Das früher verwendete Teleskop galt damals als technische Meisterleistung und der Fernrohrtyp ging in die Geschichte der Technik ein. Die Sternwarte bietet astronomische Führungen an. Der Blick aus der lichtverschmutzten Stadt in den funkelnden Sternenhimmel ist ein Erlebnis für die ganze Familie.

Am Ende der Brücke gehst du gleich beim Gartenmöbelgeschäft leicht rechts die wenigen Stufen der schmalen Treppe hoch. Sie führen dich in die Kaminfegergasse. Diese kleine, idyllische Gasse vermittelt dir ursprüngliches Altstadtflair.

AHA!

Die listigen Frauen

Den listigen Frauen von Zürich wurde mit dem Brunnen der List auf dem Lindenhof ein Denkmal gesetzt: Im Jahr 1291 glaubte ein österreichischer Herzog, die Stadt Zürich rasch und widerstandslos einnehmen zu können. Denn das Zürcher Heer war damals in der Gegend von Winterthur stationiert. Als die Österreicher den Lindenhof erreichten, standen sie unerwartet einer Zürcher Streitmacht gegenüber. Erschrocken machten sich die Angreifer aus dem Staub. Was sie nicht wussten: Unter den Rüstungen der heimischen Soldaten verbargen sich die listigen Zürcher Frauen.

Am Ende der Gasse biegst du links ab und steigst gleich um die Ecke rechts zum romantischen **Lindenhof** hoch. Dieser ist, wie es der Name schon vermuten lässt, mit vielen Linden bepflanzt. Mit seiner grosszügigen Hofterrasse ist er eine echte Oase der Ruhe. Viele Leute nutzen den Ort, um dem hektischen Treiben der Innenstadt zu entfliehen. Der Blick über die Limmat bis zu den Alpen und über die Stadt mit ihren malerischen Dächern und Terrassen ist schlicht einmalig.

LINDENHOF ••• KIRCHE ST. PETER

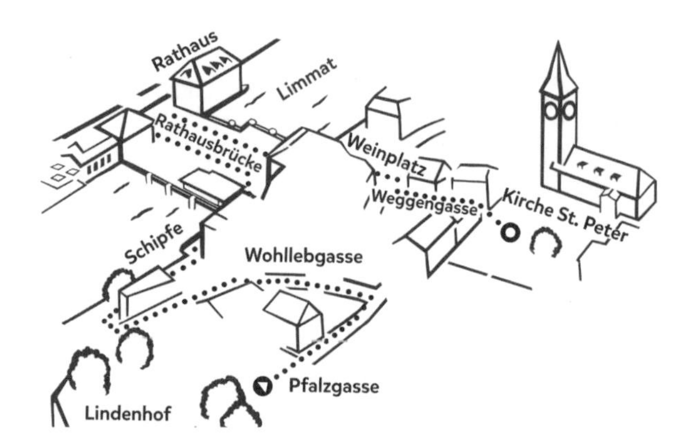

Du folgst nun den über 500-jährigen Spuren der Pilger-Prozessionen. Gehe

TIPP

LINDENHOFKELLER

Wein – Essen und Sein. Liebst du feines Essen und guten Wein? Dann ist der Lindenhofkeller an der historischen Pfalzgasse genau die richtige Adresse für dich. Schon seit 1860 beglückt das Restaurant hoch über der Limmat Feinschmecker mit hochwertigen Köstlichkeiten und einem interessanten Weinsortiment.

die Pfalzgasse hinunter; der auffällige und von Weitem sichtbare Kirchturm der St. Peter Kirche ist dein Wegweiser. Es geht vorbei an vielen sehenswerten historischen Häusern, bis du ungefähr 50 Meter weiter unten links in die Wohllebgasse abbiegst. Diese führt dich rechts am Antiquitätenladen vorbei bis an das Ufer der Limmat. Hier bietet sich dir ein bezaubernder Blick auf die gemächlich dahinfliessende Limmat. Du befindest dich nun im ältesten dauerhaft besiedelten Stadtteil Zürichs, dem lauschigen Schipfenquartier. Erste Siedlungen gab es hier schon um 1500 v. Chr.

AHA!

Wo Zürich seinen Ursprung hat

Schipfe bedeutet so viel wie «die Boote ans Ufer und wieder ins Wasser zurückschubsen». Das Schipfenquartier war im Mittelalter ein wichtiger Umschlags- und Handelsplatz. Heute zählt der historische Stadtteil bei den Touristen zu den populärsten Fotomotiven. Hier gibt es viele hübsche Geschäfte und pittoreske Gebäude zu entdecken. Trotz seiner Schönheit und Bedeutung ist das Quartier bei den Einheimischen weniger bekannt.

Dein nächstes Ziel ist die autofreie, flussaufwärts liegende Rathausbrücke. Dazu gehst du einige Meter durch einen malerischen Gewölbegang direkt an der Limmat entlang. Jeweils am Samstag findet auf der platzartigen Brücke ein Gemüsemarkt statt, daher auch ihr Übername «Gmüesbrugg».

Auf der gegenüberliegenden Flussseite siehst du das Rathaus Café mit der schönsten Sonnenterrasse direkt an der Limmat.

Tipp

RATHAUS CAFÉ

Das Gebäude hat eine markante Architektur in modernem Design. Der zauberhafte Blick auf die Zürcher Altstadt lädt ein zum Verweilen. Man trifft sich inmitten des Zürcher Stadtlebens zu coolen Drinks mit Freunden oder zu Klatsch und Tratsch bei Kaffee und Kuchen.

Die Route führt dich nun wieder zurück in die Altstadt, hoch zur Kirche St. Peter. Dazu überquerst du den Weinplatz zu deiner Rechten und nimmst anschliessend die schmale Weggengasse, ganz rechts, die dich zur St. Peterhofstatt hinaufführt. Die barocke Kirche St. Peter mit dem mächtigen Turm prägt das

AHA!

Ein Europarekord

Das Zifferblatt der imposanten Turmuhr hat einen äusseren Durchmesser von 8,64 Metern und ist damit die grösste Turmuhr Europas. Der Minutenzeiger ist beinahe 4 Meter lang. Nach dieser von weit her sichtbaren Uhr richteten sich früher alle öffentlichen Uhren der Stadt.

Stadtbild und ist eine Touristenattraktion von Zürich. Zu Recht: Es ist ein lauschiger Ort mit einem besonderen Charme.

Tipp

BUCHHANDLUNG BEER

Buch und Liegestuhl: Im Sommer kannst du dir hier einen Liegestuhl und ein Buch schnappen und Körper, Seele und Geist entspannen. Die 1832 gegründete Buchhandlung Beer ist eine der ältesten Buchhandlungen Zürichs. Nach Meinung vieler Bücherfreunde zählt das Geschäft zu den schönsten Buchhandlungen in ganz Europa.

KIRCHE ST. PETER ··· BÜRKLIPLATZ

Vor der St. Peterhofstatt gehst du auf der Höhe des Kirchturmes links die Treppenstufen hinab in die dunkle, auf den ersten Blick wenig einladende Thermengasse. Doch die Gasse ist interessanter als vermutet, denn du machst eine kleine Zeitreise in eine antike Wellnessoase des früheren Turicum. Turicum war zu römischen Zeiten der Name für Zürich. Durch die Gitterroste am Boden blickst du auf die freigelegten Überreste eines römischen Bades.

Du bist nun wieder in der Storchengasse. Bummle weiter nach rechts in Richtung Fraumünster. Nach den verschlafenen Altstadtgässchen pulsiert hier wieder das Leben. Es gibt viel zu entdecken, zum Beispiel die Fassade der Schlüsselgasse 13, dem Haus «zum Tor» mit kunstvollen Imitationsmalereien. Schon bald erreichst du den Münsterhof. Vor lauter Eindrücken kann es dir hier passieren, dass du gar nicht mehr weisst, wohin du zuerst schauen sollst: links auf das barocke Stadtpalais, das Zunfthaus zur Meisen mit dem kleinen Ehrenhof und der Gedenktafel von Winston Churchill oder auf das Haus Appenzell.

Ein Blickfang ist sicherlich das vor dir in den Himmel ragende Fraumünster, einstiges Gotteshaus eines Frauenklosters. Es ist berühmt für seine herrlichen Glasfenster des Malers Marc Chagall und des Bündner Künstlers Augusto Giacometti.

FRAUE
EMB
STO
UR
4 – 1
OPE
UF E

Willst du deine Körpermasse prüfen? Dann gehe durch den Torbogen an der Aussenseite des Fraumünsters hindurch. Früher war dieser Bogen Massstab für die Grösse der Frauenröcke beim Kirchenbesuch – die imposanten Röcke benötigten immer mehr Platz auf den Kirchenbänken, sodass sich diese Massnahme aufdrängte. Wenn der Innenhof und der romanische Kreuzgang des Münsters offen sind, solltest du unbedingt einen Blick hineinwerfen. Dieser friedlich und beruhigend wirkende Kreuzgang, der mit seinem Freskenzyklus eindrucksvoll die Legende der Klostergründung darstellt, ist ein kleiner Höhepunkt dieser Etappe. Dein nächstes Ziel ist der Zürichsee – dazu folgst du weiter der Limmat. Vorbei geht es am Stadthaus, einem weiteren Zürcher Architekturdenkmal. Es war einst ein Meilenstein auf Zürichs Weg zur Grossstadt, heute ist es ein Ort für Empfänge, Ausstellungen und Hochzeiten. Wenig später kommst du am Frauenbad vorbei. Während der

Reformationszeit galten alle öffentlichen Bäder als Orte des Lasters. Bis 1837 war den Zürcher Frauen das öffentliche Baden untersagt. Nach Wegfall des Verbots richtete die Stadt im gleichen Jahr am Stadthausquai ein «Badhaus für Frauenzimmer» ein. Der grosse Platz vor dem See ist der Bürkliplatz, der nach dem bekannten Stadtingenieur Arnold Bürkli benannt ist. Fast auf gleicher Höhe wie der Bürkliplatz liegt inmitten der Limmat das Bauschänzli. Dieser öffentliche Platz auf der künstlichen Flussinsel war einst die südliche Bastion der Stadtfestung gegen den See.

Tipp

BAUSCHÄNZLI

Das Bauschänzli ist bei Einheimischen und Gästen aus aller Welt gleichermassen beliebt. So verschieden die Bratwurst und der Hummer sind, so vielseitig ist das Bauschänzli und seine Gäste. Ein Highlight auf der wunderschönen Insel ist auch der tägliche Tanz, zu dem nachmittags und abends eine Live-Band spielt. Jung und Alt sind eingeladen, das Tanzbein zu schwingen und sich an der frischen Luft den lupfigen Rhythmen hinzugeben. Von Mitte Oktober bis Mitte November findet hier übrigens das bekannte Zürcher Oktoberfest statt.

36 ··· 37

BÜRKLIPLATZ ··· SCHANZENGRABEN

Am Bürkliplatz findet von Mai bis Oktober jeden Samstag der grösste Flohmarkt von Zürich statt. Mit ein wenig Glück hast du die Chance auf einen kleinen Schwatz mit Eugenije – ein Unikat und das «Wahrzeichen» dieses Flohmarkts. Ratomor, wie er mit richtigem Namen heisst, bezeichnet sich als der «Besitzer des Flohmarkts». Mit seiner auffälligen Kleidung fasziniert er die Besucher. Der Flohmarkt ist für ihn ein phänomenales Hobby. «Hier kannst du Leute kennenlernen, Verkäufer sein und das verticken, was andere wegwerfen.» Genau das ist für ihn das Magische an «seinem» Flohmarkt. Zwar hätte er gerne als Obdachloser in New York gehaust, doch nachdem die Schweiz den Zweiten Weltkrieg «gewonnen» hatte – das ist seine Auffassung des damaligen Geschehens –,

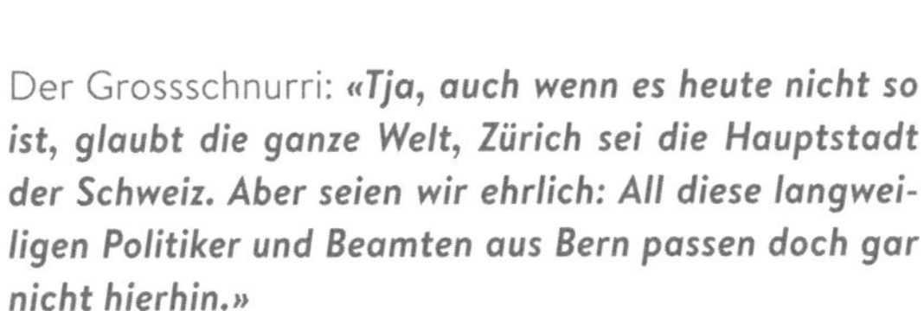

Der Nörgeler: ***«Unglaublich, aber wahr: Früher gab es mal konkrete Pläne, hier am Bürkliplatz das Bundeshaus zu bauen und Zürich zur Hauptstadt der Schweiz zu machen.»***

Der Grossschnurri: ***«Tja, auch wenn es heute nicht so ist, glaubt die ganze Welt, Zürich sei die Hauptstadt der Schweiz. Aber seien wir ehrlich: All diese langweiligen Politiker und Beamten aus Bern passen doch gar nicht hierhin.»***

schien es für den aus Belgrad stammenden Ratomor am naheliegendsten, sich in der Schweiz niederzulassen.

Der See ist zum Greifen nah. Gehe ein paar Schritte weiter und überquere den General-Guisan-Quai, der früher Alpenquai hiess – und schon zieht dich die atemberaubende Aussicht auf die Glarner Alpen in ihren Bann. Die terrassenartige Promenade lädt zum Verweilen ein – geh nicht einfach weiter.

Mache eine kleine Schlaufe dem See entlang – links der See, rechts das Hinterteil der Ganymed-Statue. Vorbei am Hauptgebäude der Schiffsanlegestelle führt dich die Route weg vom See in die Unterführung hinab, die sich gleich rechts neben der grossen Blumenuhr befindet. Der Wasserstand in der Unterführung ist höher als der Fussweg selbst – ein spezielles Gefühl. Nach der Unterführung gehst du über die Brücke, dann wieder hinunter in den Schanzengraben. Als Orientierungshilfe dient auch das Wanderwegzeichen Richtung Museum Bärengasse. Der Schanzengraben war im 17. Jahrhundert eine barocke Bastion der Stadtbefestigung. Heute ist er eine idyllische, mit Geschichtstafeln beschilderte Promenade, die vom See bis zum Hauptbahnhof führt. Folge dem Weg immer direkt am Wasser entlang. Viele Sitzbänke laden dich hier zum Ausruhen ein – setz dich doch einmal hin, schliesse die Augen und spüre so den Puls der Stadt.

Beim UBS-Hochhaus wechselst du über die Brücke auf die rechte Flussseite. Schon bald erreichst du den Alten Botanischen Garten, den Park zur Katz. Der Park ist ein idyllischer, grüner Fleck inmitten grauer Häuser. Die Anlagen und Pflanzenbestände sind Zeitzeugen der Vergangenheit des Parks als einstigem botanischem Garten und mittelalterlichem Kräutergarten. Sehenswert ist auch das ehemalige Palmenhaus aus Holz, Glas und einem Dach aus Gusseisen. Wenn du ohne Hund unterwegs bist, darfst du durch den Park. Ansonsten gehst du am anderen Flussufer dem Badeweg entlang, der dich am nostalgischen Männerbad vorbeiführt.

Das Landei: ***«Uhlala, ein Frauenbad! Und ein Männerbad? Was gibt es denn sonst noch für Bäder? Wir auf dem Land sind ja schon froh, überhaupt ein Bad im Dorf zu haben.»***

SCHANZENGRABEN ··· ERNST-NOBS-PLATZ

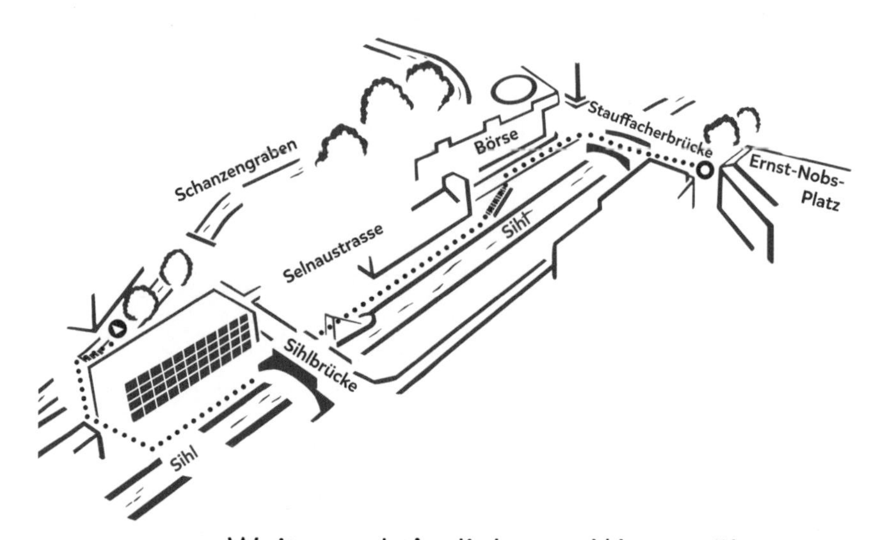

Weiter geht's dicht am Wasser über Holzstege und Sandsteinplatten entlang der Zickzacklinie des Grabens. Nach der breiten gewölbten Brücke und noch vor der modernen schmalen Stahlbrücke nimmst du links die steile Treppe, die dich zur Gessnerallee hochführt. In den ehemaligen Reithallen und

Stallungen erwartet dich ein vielfältiges Angebot an Beizenkultur und Kulturbeizen. Weltklasse und fürs Weltkulturerbe vorgeschlagen, ist das el Lokal. Ein quicklebendiges Gesamtkunstwerk mit aller «Gattig Lüüt», dem Museo el Lokal, unerhörten Melodien, Grill, Bier und anderen el-lokalen Spezialitäten. Wirf einen Blick hinein und du wirst bleiben wollen – für immer und ewig, obwohl die Etappe eigentlich daran vorbei ans Sihlufer führt.

ERNST-NOBS-PLATZ ··· BAHNHOF WIEDIKON

Unten an der Sihl befindest du dich zum ersten Mal auf einem richtigen Naturweg – Natur pur und Urbanität finden hier zusammen. Gehe entgegen der Flussrichtung unter der Sihlbrücke hindurch und am Bahnhof Selnau vorbei. Die spezielle Architektur dieser Bahnhaltestelle erinnert von der Formgebung her mehr an einen Schiffsbug als an einen Bahnhof. Schon bald erkennst du das imposante Bauwerk der Schweizer

AHA!

Die Sihl, die Starke

Hinter dem Hauptbahnhof vereinigt sich die Sihl mit der Limmat. Vor mehr als tausend Jahren hiess die Sihl noch Silaha. Ihr Name stammt aus dem Keltischen und bedeutet die Starke. Dieser Name passt zum Fluss, denn trotz ihrer sehr geringen Wassertiefe prägt die Sihl das Zürcher Stadtbild nachhaltig. Bevor sie mit Hilfe einer Staumauer gebändigt wurde, gab es oft spektakuläre Hochwasser.

Börse mit dem markanten Dach. Vor der Börse verlässt du den Naturweg und gehst über die Stauffacherbrücke, eine mit Granit und Sandstein verhüllte Betonbrücke. Ins Auge stechen auch die Gaslaternen sowie die vier bronzenen Löwen des Schweizer Bildhauers Urs Eggenschwyler auf den Eckpfeilern der Brücke.

Auf der anderen Seite der Stauffacherbrücke beginnt das Quartier Aussersihl. Überquere als Nächstes den Ernst-Nobs-Platz, der nach dem einstigen Zürcher Stadtpräsidenten und Schweizer Bundesrat benannt ist. Spaziere weiter der Morgartenstrasse entlang bis zum Hallwylplatz. Mit seinem Brunnen und der Wasserfontäne wirkt er eher wie ein Dorfplatz.

Dein nächster Wegweiser ist das 70 Meter hohe Werd-Hochhaus. Am Wappen von Zürich erkennt man, dass es sich beim Hochhaus um den Verwaltungssitz der Stadt handelt.

RSE

Um zum Werd-Hochhaus zu gelangen, gehst du nach dem Hallwylplatz rechts in die erste Strasse, das Werdgässchen, hinein. Hier entdeckst du die etwas verloren im Schatten des Hochhauses stehende neugotische Kirche St. Peter und Paul. Sie war die erste römisch-katholische Kirche, die nach der Reformation Zürichs erbaut wurde. Unweit der Kirche folgt etwas links die Birmensdorferstrasse. Gehe weiter links den Tramgeleisen entlang bis zum Bahnhof Wiedikon. Kurz vor dem Bahnhof liegt das Restaurant Hermannseck; mit seinem Charme haucht es dem Quartier Leben ein. Der Besitzer, Michael Imfeld, hat hier ein kleines Paradies erschaffen. Trete ein, geniesse einen Mittag oder Abend voller Überraschungen – dein Gaumen wird es dir noch lange danken.

BAHNHOF WIEDIKON ••• BAHNHOF ENGE

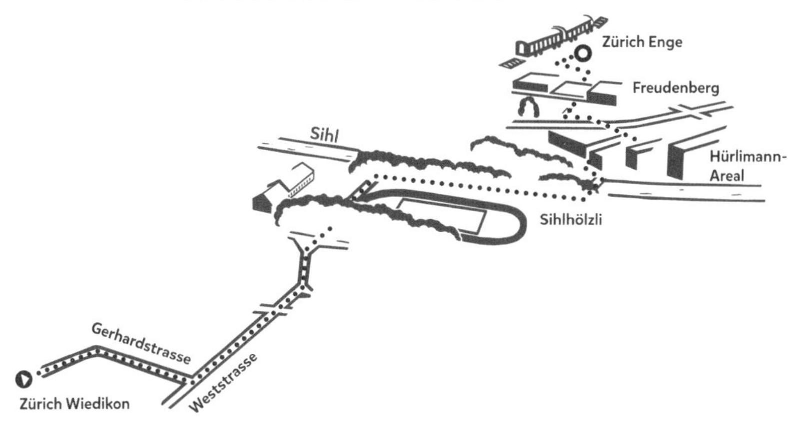

Nach dem Bahnhof Wiedikon biegst du links in die Gerhardstrasse ein. Folge der verkehrsberuhigten Weststrasse bis zur Sportanlage Sihlhölzli. Durchquere die Sportanlage, um zur Sihl zu gelangen. Du wanderst nun entgegen der Flussrichtung die mit urwüchsigen Bäumen gesäumte Sihlpromenade entlang. Beim Hertersteg, einem kleinen Fussgängersteg, überquerst du den Fluss und die Bahngeleise und schon stehst du mitten im Hürlimann-Areal.

AHA!

Die Biermeile

Aus der ehemaligen Biermeile, in der jahrzehntelang Bier gebraut wurde, entstand eine Flanierzone mit einem Mix aus Restaurants, Hotels, Geschäften, Bars und Büros. Nebst der Google-Niederlassung befindet sich hier auch das Thermalbad & Spa Zürich – ein neuartiges Thermalbad.

Verlasse das Hürlimann-Areal über den mit Bäumen gesäumten Hürlimannplatz links am langen, originellen

Aqui-Brunnen vorbei. Dieser künstlerische Brunnen trägt den Namen des einstigen Zürcher Mineralwassers der Brauerei Hürlimann und wurde vom Bildhauer und Architekten Christoph Haerle gestaltet. Über die kleine Treppe gelangst du hoch zu der zu Stosszeiten stark befahrenen Brandschenkestrasse und der Bushaltestelle Hürlimannplatz. Wenn du ohne Hund unterwegs bist, empfehlen wir dir einen Abstecher in die Schulanlage Freudenberg. Falls dich ein Vierbeiner begleitet, gehst du ein kleines Stück der Brandschenkestrasse entlang in Richtung Hürlimann-Areal und biegst dann in die Steinentischstrasse ein, um via Bederstrasse zum Bahnhof Enge zu gelangen. Die Variante ohne Hund führt über die Strasse und in den Brandschenkesteig. Gleich am Anfang der Strasse findest du rechter Hand eine breite Treppe aus Beton.

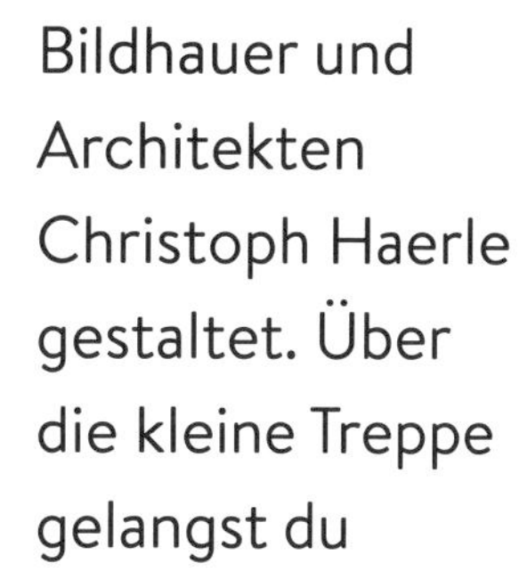

Das Landei: ***«Potztuusig! Die schön renovierten historischen Gebäude, die gelungene Umnutzung und das einzigartige Ambiente sind wirklich nicht schlecht. Bei uns auf dem Land können wir von so etwas nur träumen.»***

Der Nörgeler: ***«Wo bleibt das Biermuseum? Immerhin war Hürlimann gegen Ende des 19. Jahrhunderts die grösste Brauerei der Schweiz. Ich will lieber Bier trinken als im Spa ertrinken.»***

Steige diese hoch und schon betrittst du die architektonisch besondere Schulanlage. Die gesamte Schulanlage Freudenberg wurde von 1954 bis 1960 vom Schweizer Architekten Jacques Schader gebaut und zählt zu den bedeutendsten Werken der schweizerischen Architektur in der zweiten Hälfte des 20. Jahrhunderts. Nach der ersten Treppe folgt eine zweite ebenfalls sehr breit gestaltete Betontreppe, die teilweise überdeckt ist. Es sieht beinahe aus, als hätte der Architekt hier einen Bilderrahmen erschaffen, durch den man hindurchgehen kann. Nimm nun Stufe für Stufe in Angriff und schaue dabei auf den immer besser sichtbaren Horizont. Stufe für Stufe wirst du mehr von der Kirche Enge sehen. Oben auf dem offen gestalteten Schulhof gehst du links über die betonierte Fläche mit den drei langen, schmalen Lichtschächten. An dessen Ende findest du zwischen den Bäumen einen schmalen Fussweg mit Hinweisschildern, der dich von der Schulanlange hinunter zum Bahnhof Enge führt. Schon bald gehst du in der nächsten Etappe von dort aus weiter ins Quartier Enge, wo weitere Entdeckungen, Erlebnisse und Geschichten auf dich warten.

DEINE GEDANKEN ZUR ETAPPE 1:

Zürich profiliert sich als die kleinste «Weltstadt» – wie wirkt die Stadt auf dich? Was macht das Städtewandern zu etwas Einmaligem?

Etappe 2

•••

Zürich ist **viel mehr** als nur Stein, Asphalt, Metall und Beton. Die Stadt verbindet gekonnt **urbane Architektur** und geschäftiges Treiben mit **Inseln der Ruhe** inmitten prachtvoller Natur. Diese Mischung sorgt für eine **einmalige Lebensqualität,** um die Zürich von vielen anderen **Metropolen** beneidet wird.

START

Bahnhof Enge,
erreichbar mit der Tramlinie 7

ZIEL

Sihlcity

DISTANZ

8 Kilometer

GUT ZU WISSEN

Im Sommer viele Bademöglichkeiten
Diese Etappe empfiehlt
sich eher bei schönem Wetter

HÖHEPUNKTE

Kirche Enge – s'Ängeli

Rieterpark – eine Traumreise

Belvoirpark – ein paradiesisches Gärtchen

Der See – Grill and Chill

Landiwiese – die Expo, die Landi hiess

Auf der Egg – Seesicht pur

Allmend – gemeinsam für alle

Sihlcity – wo Shoppingherzen höherschlagen

Etappe 2

●●●

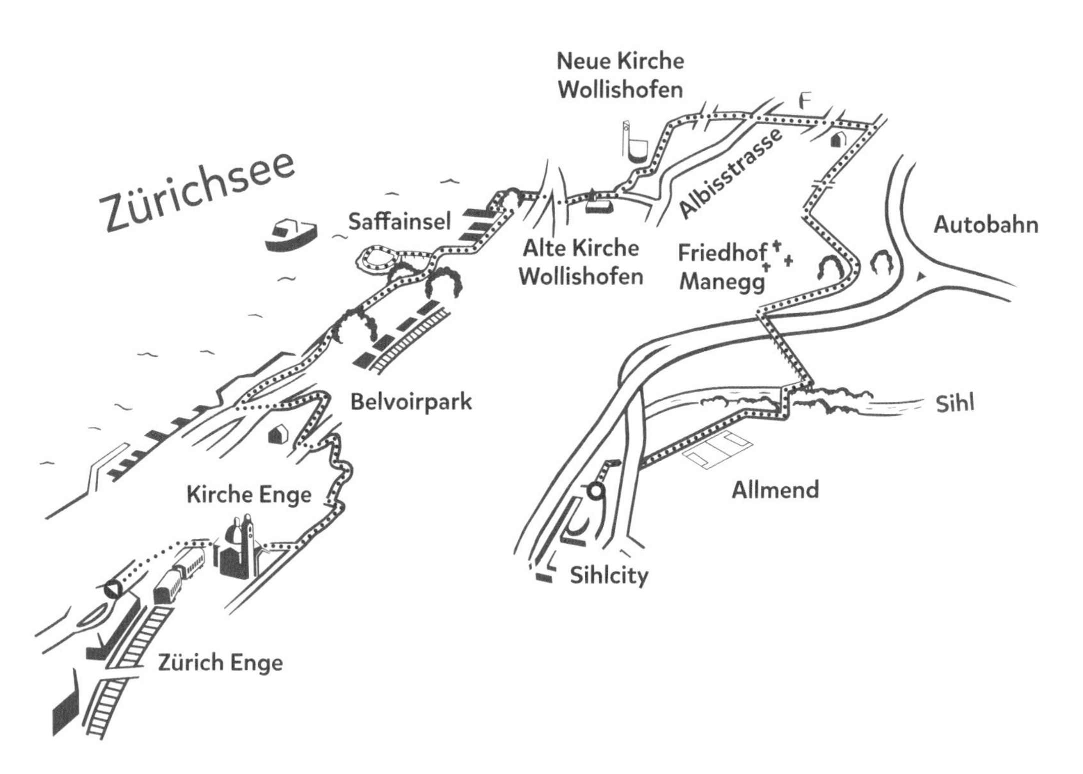
Neue Kirche
Wollishofen
Zürichsee
Saffainsel
Albisstrasse
Alte Kirche
Wollishofen
Friedhof
Manegg
Autobahn
Belvoirpark
Sihl
Kirche Enge
Allmend
Sihlcity
Zürich Enge

ERSTE STADTFLUCHT

●●●

Diese kleine Stadtflucht führt dich in die Natur, hinaus aus dem Zentrum von Zürich bis an die Stadtgrenzen. Auf der abwechslungsreichen Etappe durchquerst du den ganzen Kreis 2. Dazu gehören das Quartier Enge, das früher «Wacht zu den Heiligen Drei Königen» hiess, und die Gemeinde Wollishofen. Die Route führt durch die schönsten Parkanlagen von Zürich und an sehenswerten und bekannten Kirchen vorbei.

Auf der Landiwiese, auf der Eggpromenade mit grandioser Seesicht und in der Naherholungszone Allmend erlebst du die Natur in ihrer ganzen Pracht. Der krönende Abschluss der Etappe bildet ein Besuch im trendigen Einkaufszentrum Sihlcity.

LOS GEHT'S...

BAHNHOF ENGE ••• BELVOIRPARK

Möchstest du raus aus dem Stadtzentrum und Landluft schnuppern? Na dann los. Der Startpunkt der zweiten Etappe ist der der Bahnhof Enge. Er hat markante Bögen und eine halbrunde Bauform und ist einer der 13 SBB-Bahnhöfe der Stadt Zürich. Das Gebäude aus Tessiner Granit ist mit seiner zweigeschossigen Arkadenreihe segmentförmig um den im Jahr 2006 neu gestalteten Vorplatz – den «Tessiner Platz» – geschwungen. Tessiner Platz? Die Erklärung dafür ist einfach: Früher startete eine Zugreise ins Tessin an diesem Bahnhof – er war für die Zürcher das Tor zum Süden. Der dominant wirkende Platz ist der Ausgangspunkt der zweiten Etappe.

AHA!
«S'Ängeli»

«S'Ängeli» gleicht ein wenig der bekannten Basilika Sacré-Cœur in Paris. In der Kirche lohnt sich ein Blick auf die Orgel mit ihren Zinn- und Holzpfeifen. Diese ist gekonnt in das Kirchengewölbe eingebaut. Witzig ist, dass du dich hier nicht wie üblich auf die harten Bänke, sondern auf bequeme Sofas setzen kannst.

Vom Tessiner Platz aus folgst du der leicht ansteigenden Seestrasse stadtauswärts, bis rechts eine Fussgängerbrücke über die Bahngeleise führt. Die Kirche Enge, von den Zürchern liebevoll **«s'Ängeli»** genannt, ist dein Ziel. Sie thront majestätisch über dem Quartier Enge. Die Treppe zur Kirche führt dich vorbei an den klugen und törichten Jungfrau-Figuren, die eines der vielen Gleichnisse von Jesus symbolisieren. Es ist ein passender Ort für einen ersten kleinen Zwischenstopp, zumal dich der Blick über das Seebecken in Staunen versetzen wird.

Die Route führt dich nun an der Kirche vorbei und danach links in die Bürglistrasse. Nach dem Vorplatz der Kirche entdeckst du den innerstädtischen Rebberg Bürgli. Hier wird immer noch eine kleine Menge «Engemer Wein» angebaut. Beim Betrachten des Weinbergs vergisst du vielleicht, dass du dich immer noch im Herzen der Stadt befindest. Die freistehende Villa beim Rebberg ist ein Zeitzeuge des Lebensstils wohlhabender Zürcher Bürger aus dem 19. Jahrhundert.

Es geht der Bürglistrasse entlang bis zur nächsten Querstrasse, der Schulhausstrasse. Der schmale Joachim-Hefti-Weg führt dich geradeaus an der Orangerie und dem «Bonsai-Atelier» vorbei. Das Atelier ist ein entzückendes Mini-Bonsai-Museum mit zahlreichen kleinen Bäumchen aus der alten japanischen Gartenkultur. Die beiden Gebäude gehören zur Villa Schönberg, die erst kürzlich aus ihrem Dornröschenschlaf erweckt und dem Publikum zugänglich gemacht wurde. Mit ihren einmaligen vierbogigen Tuffsteingrotten hat sie sich zu einem beliebten Begegnungsort des Quartiers gemausert. Der Weg führt dich an der Villa Schönberg vorbei, dann rechts direkt in den **Rieterpark.** Die bezaubernde und verträumt wirkende Anlage

AHA!
Traumreise
Die herrliche neoklassizistische Villa Wesendonck aus dem 19. Jahrhundert bildet zusammen mit der Park-Villa, der Villa Schönberg und dem Haus zum Kiel das Museum Rietberg. Es ist das drittgrösste Museum der Stadt und beherbergt eine aussergewöhnliche Kunstsammlung mit Objekten aus Asien, Afrika, Amerika und Ozeanien.

Der Grossschnuri: ***«Zürich mag ‹nur› die kleinste Weltstadt sein – aber das wunderbare Museum Rietberg ist in seiner Art eindeutig das Grösste!»***

aus dem 19. Jahrhundert ist mit 65'000 m^2 Zürichs grösster Landschaftspark. Er ist weitgehend im Originalzustand erhalten geblieben und strahlt Nostalgie aus. Such dir deinen Weg durch den Park und lasse dabei den Geist vergangener Zeiten auf dich wirken. Dein nächstes Ziel ist der Ausgang des Parks, der sich unten bei der Seestrasse befindet. Die zahlreichen Infotafeln im Park zeigen dir, wo's langgeht.

BELVOIRPARK ••• LANDIWIESE

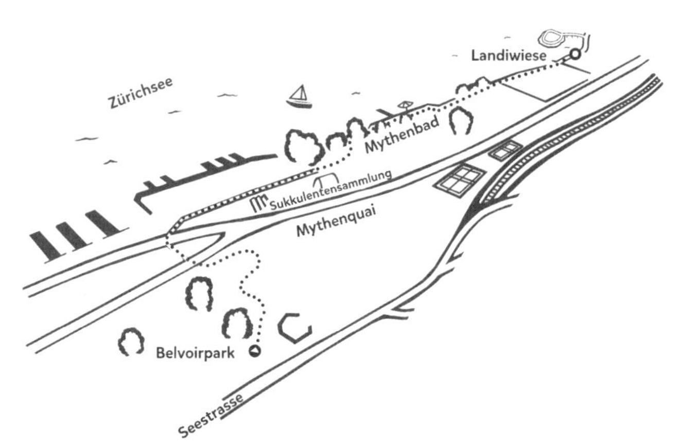

AHA!

Zürich und die Gartenkunst

Der terrassenartig angelegte Belvoirpark ist ein Paradebeispiel des klassischen Landschaftsgartens. Versehen mit grossen Wiesenflächen, Wasserbecken und altem Baumbestand war er einer der ersten Landschaftsgärten der Region. Die Gartenbauausstellung G59, die klassizistische Villa Belvoir, die nichts vom Glanz längst vergangener Zeiten verloren hat, und die bekannte Iris-Sammlung leisten ihren Beitag dazu.

Auf deiner Route folgt jetzt ein Park auf den anderen. Du brauchst nur die Seestrasse zu überqueren und schon befindest du dich im Belvoirpark. Obwohl dieser und der Rieterpark fast

BAHNHOF ZÜRICH ENGE

nebeneinander liegen, sind sie von Grund auf verschieden. Im Belvoirpark befindet sich die renommierte Belvoirpark Hotelfachschule samt eigenem Restaurant. Der Park wirkt aufgeräumt und beinahe künstlich. Doch auch das hat seinen Reiz. Entscheide selbst, welcher der beiden Parks dir besser gefällt. Am unteren Ende der Parkanlage verlässt du die Grünanlage durch den Hauptausgang und überquerst den Mythenquai. Auf der anderen Strassenseite geht es weiter nach rechts Richtung Sukkulentensammlung.

AHA!
Wo Zürich seine Stacheln zeigt
Die Sukkulentensammlung ist in den ehemaligen Gewächshäusern der Stadtgärtnerei untergebracht. Mit der aussergewöhnlichen Kollektion von über 6500 grossen und kleinen, stacheligen und weniger stacheligen Agaven und Kakteen aus allen Trockengebieten der Erde ist sie eine der artenreichsten Sammlungen weltweit.

Vis-à-vis der Sukkulentensammlung befindet sich das Klubhaus des Ruderclubs Zürich RCZ. Der in den 1950er Jahren an Regatten dominierende Club ist der aktivste Zürcher Ruderclub.

S'Meitli: ***«Autsch, das pikst! Überall diese Kakteen. Abgesehen davon, dass man sie nicht wie eine Katze streicheln kann, finde ich Kakteen aber echt toll, weil man sie nicht so häufig giessen muss.»***

Hast du Lust auf einen Sprung in den kristallklaren See? Freu dich: Nun geht es Richtung Mythenquai-Bad, eines der vielen tollen Seebäder von Zürich. Wenn Badewetter herrscht oder du mit einem Vierbeiner unterwegs bist, gehst du am besten aussen um das Bad herum. Ausserhalb der Badesaison ist die Badi für Wanderer geöffnet und ganz besonders im Winter bei Schnee und Eis hat es einen ganz speziellen Reiz, durch das Bad zu wandern. Nach dem Strandbad erreichst du die bekannte **Landiwiese,** die einst als Verlängerung des Mythenquais aufgeschüttet wurde. Schon bald siehst du nahe dem Ufer die kleine, grüne Saffainsel. Sie ist einen Abstecher wert.

AHA!

Die Expo, die Landi hiess

Auf der Landiwiese fand 1939 die Schweizerische Landesausstellung statt. Mit über 10 Millionen Besuchern war die «Landi» eine der populärsten Landesausstellungen der Schweiz. Zu den Hauptattraktionen zählten damals das Landidörfli, ein Vorgänger des Heimatmuseums Ballenberg, und eine Seilbahn, die die beiden Seeufer miteinander verband.

Der Nörgeler: ***«Schade, dass die Seilbahn nicht mehr in Betrieb ist. Wie wäre es doch toll, über den Zürichsee zu schweben.»***

Saffa klingt griechisch, hat aber weder mit Griechenland noch mit dem Gewürz Safran etwas gemeinsam. Saffa ist vielmehr die Abkürzung für «Schweizerische Ausstellung für Frauenarbeit», die 1958 auf der Landiwiese stattfand. Aus dem Aushubmaterial der Ausstellungsbauten schüttete man die Saffainsel auf. Eine Bronzeskulptur in Form einer Frau in Siegerpose erinnert noch heute an die Ausstellung.

Das Landei: ***«Tolle Skulptur – ich stelle mir gerade eine mögliche Bronzeskulptur auf unserem Dorfbrunnen vor: Unsere Landfrauenpräsidentin in Siegerpose mit Bauernbrot und Blumenstrauss…»***

LANDIWIESE ··· KIRCHE WOLLISHOFEN

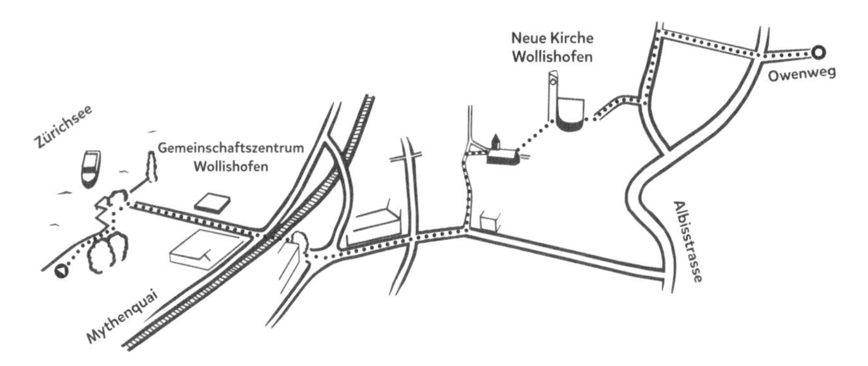

Am Ende der Landiwiese entdeckst du eine Rampe aus grün gestrichenem Stahl, die einer Schiffsrampe gleicht. Gehe dort hoch. Oben angekommen hast du eine gute Aussicht auf die Werft der Zürichsee Schifffahrtgesellschaft. Die Zürichsee-Flotte besteht aus zwölf Schiffen. Legendär sind die beiden über hundertjährigen Raddampfer Stadt Zürich und Stadt Rapperswil. Ein ganz anderes Kaliber ist das jüngste Mitglied der Zürichsee-Flotte, die futuristische Panta Rhei. Folge dem Weg über die Werft, er führt dich durch eine begrünte Galerie. Schon bald erreichst du einen kleinen Park am Seeufer. Die sonnigen Grünflächen laden ein zum Spielen oder Ausruhen. Es ist einfach schön hier. Schliesse deine Augen und lausche den rauschenden Wellen am Kiesstrand – und schon fühlst du dich wie am Meer. Am Ende des Parks liegt das Gemeinschaftszentrum Wollishofen und gegenüber am Rand der Wiese steht eine öffentliche elektrische Grillstation. Hast du eine Wurst dabei? Dann geniesse «Grill and Chill» in Reinkultur.

Verlasse den Park durch die Unterführung des Mythenquais. Nach der grossen Strassenkreuzung gehst du einige Meter die Strasse hoch, bis du auf der rechten Seite eine Mauer mit zwei kleinen Türmen siehst. Dort biegst du links in den Kilchbergsteig ein. Der Weg aus gepflasterten Stufen führt dich zur Alten Kirche Wollishofen hoch. Du befindest dich dort im ehemaligen Unterdorf von Wollishofen. Es ist ein romantischer Quartierteil mit speziellem Flair. Ein plätschernder **Märchenbrunnen**, schöne historische Gebäude wie zum Beispiel das alte Schulhaus Hans Asper, das

AHA!
Ungeküsste Prinzen
Dem Märchenbrunnen in Alt-Wollishofen liegt ein Froschmärchen mit drei ungeküssten Prinzen zugrunde. Die Skulptur des Märchenbrunnens diente als Modell für andere sehr ähnliche Brunnen; so trifft man in Düsseldorf, Dijon, Odessa und sogar in Denver auf die gleiche Brunnenskulptur.

-Weg

Tipp

RESTAURANT BÜRGLI

Genuss mit Ausblick: Im Bürgli, einem über dem Zürichsee eindrucksvoll thronenden Restaurant, setzt man nicht nur auf Geschichte und Tradition, sondern auch auf moderne und charmante Eleganz. Das Restaurant erinnert an vergangene Zeiten und vermag mit saisonalen Köstlichkeiten zu verzaubern. Ein Genuss für alle Sinne.

Pfarrhaus oder das Restaurant Bürgli versprühen den Charme eines idyllischen Dorfes. Vom Vorplatz der alten Kirche aus kannst du auf dem nahen Hügel die neue Kirche von Wollishofen sehen. Ein schmaler Weg führt dich hoch zu dieser gänzlich mit Muschelkalk eingekleideten Kirche. Beim Aufstieg hast du rechter Hand den roten Glockenturm der katholischen St. Franziskus Kirche im Blick. Oben bei der Kirche angekommen gehst du durch das rechteckige Tor beim Kirchturm hindurch und wanderst stadtauswärts weiter dem kleinen Park entlang bis zur Eggpromenade. Hier bietet sich dir einmal mehr eine grandiose Aussicht auf den See.

KIRCHE WOLLISHOFEN ··· SIHLCITIY

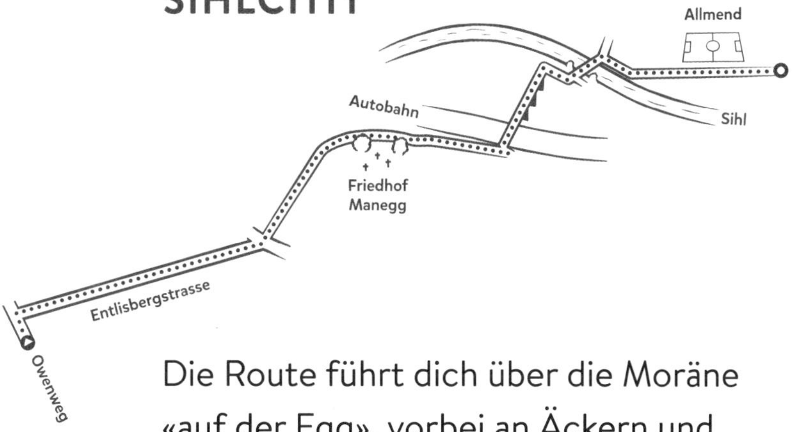

Die Route führt dich über die Moräne «auf der Egg», vorbei an Äckern und Viehweiden. Dass hier immer noch Kühe weiden dürfen, verdanken wir der Quartierbevölkerung. Während dem Neubau der Kirche wehrten sich die Anwohner erfolgreich gegen eine geplante Überbauung des Moränenzugs. Nach rund hundert Metern auf dieser Promenade zweigt rechts der Honeggerweg ab. Folge diesem bis zur Tramstation Wollishofen. Kann eine Tramstation Charme versprühen? Klar doch, den Beweis dafür siehst du vor dir. Der Platz, um den sich die Tramschleife windet, ist mit mehr als 15 Bäumen, vielen Sitzbänken und einem bunten runden Blumenbeet

Happ

wie ein kleinstädtischer Park angelegt. Quer gegenüber der Tramschleife, auf der anderen Seite der Albisstrasse, führt dich die Route dem Owenweg entlang weiter. Owen war ein britischer Unternehmer und Pionier des Genossenschaftswesens. Du folgst nun dem Wanderwegzeichen bis zur Entlisbergstrasse. Dort zweigt der Wanderweg links ab, du gehst jedoch nach rechts und bleibst auf der Entlisbergstrasse. Zwischen den Häusern hindurch kannst du immer mal wieder die Fallätsche sehen, ein markanter Erosionstrichter im Albisgrat zwischen dem Uetliberg und der Baldern. Durch die Erosion kommt es hier immer wieder zu Erdverschiebungen. Der letzte grössere Bergsturz fand am 8. Mai 2004 statt.

Aus der Entlisbergstrasse wird die Frohalpstrasse und du spazierst durch ein ruhiges Wohnquartier. Auf deinem Weg geht es am «Zentrum für Gehör und Sprache» und am Kinderheim Entlisberg vorbei, dessen Fassade dekorativ von einer Rebe bewachsen ist. Hier besuchen Kinder und Jugendliche mit Hör- und Sprachbeeinträchtigungen die Schule.

Am Ende der Frohalpstrasse triffst du auf den Friedhof Manegg. Hier befindet sich auch das Grab von Alfred Escher, über den du bereits auf der ersten Etappe etwas erfahren durftest. Die Route führt dich links eine kleine Treppe hoch, dann alles links um den Friedhof herum. Langsam dringt dir der Lärm der nahenden Autobahn ans Ohr. Nun bist du auf dem Gelände des Dunkelhölzli. Nach dem Dunkelhölzliweg rechts hoch kommst du zum Hintereingang des Maneggfriedhofs. Von hier aus folgst du der Friedhofsmauer bis zur Treppe, die dich über einen langen Steg über die Autobahn und schliesslich zur Allmend hinüberführt.

Von der Überführung aus bietet sich dir ein erster Blick über die **Allmend.** Nachdem du die Autobahn überquert

AHA!

Gemeinsam für alle

Allmend stammt von «almeinde», was so viel heisst wie «gemeinsam für alle». Die Allmend wurde im Laufe der Zeit vielseitig genutzt, sei es als Viehweide, Waffenplatz oder als Areal für Pferderennen. Sie war auch der Standort der Forschungsausstellung Heureka, die anlässlich der 700-Jahr-Feier der Schweiz 1991 stattfand.

hast, führt dich dieser Steg auf schmalen und eleganten Stelzen über das natürlich erhaltene alte Flussbett der Sihl. Am Horizont erkennst du bereits dein Etappenziel: den in den Himmel ragenden 60 Meter hohen Kamin von Sihlcity. Nachdem du den Steg verlassen hast, führt dich eine stählerne ehemalige Eisenbahnbrücke über die seichte Sihl auf die andere Flussseite zur Allmend Brunau. Diese riesige, wilde Grünfläche am Stadtrand ist Natur pur und damit ein Paradies für Wanderer, Jogger, Biker und Naturfreunde.

Der Grossschnurri: ***«Eine frei zugängliche grüne Fläche in dieser Grösse und in unmittelbarer Stadtnähe hat Seltenheitswert. Bemerkenswert ist der Kontrast zwischen der von Menschenhand gestalteten Stadt und der noch fast unberührten Landschaft.***

Das Landei: ***«Ich könnte meinen, ich sei bei mir auf dem Land am Spazieren. Nur sehe ich bei uns zu Hause nie so viele Familien, Hundehalter, Sportler oder frisch verliebte Pärchen, die sich gleichzeitig in der Natur bewegen.»***

AHA!

Wo Shoppingherzen höherschlagen

Auf dem Areal von Sihlcity befand sich einst eine der grössten Papierfabriken der Schweiz. Die diversen Wirtschaftskrisen trafen das Unternehmen hart. Die Fabrik überstand diese Zeiten nur knapp und musste 1990 den Betrieb definitiv einstellen. Heute dampft und zischt es nicht mehr wie damals, dafür pulsiert das Leben im modernen Unterhaltungszentrum mehr denn je. Über 20'000 Menschen besuchen täglich Sihlcity, eine architektonisch gelungene Mischung aus Industrie und Moderne.

Die Route führt nun an den Fussballplätzen und der neuen Freestyleanlage der Stadt Zürich vorbei Richtung Sihlcity. Dem Zeitgeist entsprechend hat die Stadt hier für sportbegeisterte Jugendliche und Junggebliebene diesen neuen Freestylepark gebaut: Du kannst skateboarden, inlineskaten und den BMX-Freaks bei ihren waghalsigen Kunststücken zuschauen. Das Etappenziel Sihlcity kannst du nicht mehr verfehlen. Dieses angesagte Einkaufszentrum ist auf einer Fläche von mehr als 100'000 m² ein Shoppingparadies par excellence – hier wurde mit grosser Kelle angerichtet!

S'Meitli: ***«Wow! Shopping. Hier hat es stylische Klamotten und viele verschiedene Geschäfte. Ach, und übrigens, gegenüber ist noch ein Kino. Hier ist es wie im Paradies. So gross, so cool!»***

Hier in Sihlcity ist die zweite Etappe zu Ende. Du hast dabei neben trendigen Freestyleanlagen und Shoppingtempeln auch die etwas andere, bedächtige Seite Zürichs kennengelernt: geprägt von vielen Grünflächen voll sanfter Schönheit, historischen Villen und ruhigen Quartieren.

So war diese Etappe ein kleines Ebenbild von Zürich selber – überraschend vielseitig und voller Kontraste.

DEINE GEDANKEN ZUR ETAPPE 2:

Wie hat diese kontrastreiche Etappe auf dich gewirkt? Wie schafft Zürich deiner Ansicht nach die Verbinung zwischen Natur und Stadt.

Etappe 3

•••

Diese Etappe ist die **absolute Höhe!** Denn sie bringt dich weit über die **Dächer von Zürich** hinaus und eröffnet dir völlig neue Aus- und **Einblicke** über und in die Stadt. Lass dich davon **beflügeln und erlebe** auf deinem Weg nach oben die schönsten **Höhepunkte,** die Zürich zu bieten hat.

DIE WANDERVOLLE ROUTE

START

Tramhaltestelle Sihlcity Nord,
erreichbar mit der Tramlinie 13

ZIEL

Tramhaltestelle Triemli

DISTANZ

10,5 Kilometer

GUT ZU WISSEN

Diese Etappe ist bei Schnee und
Eis nicht gepfadet

HÖHEPUNKTE

Albisgütli – das Zürcher Urgestein

Panoramaweg – der Name ist Programm

Schrebergärten – eine eigene kleine Welt

Uetliberg – Zürichs Hausberg

Aussicht – rundum entdecken und staunen

Etappe 3

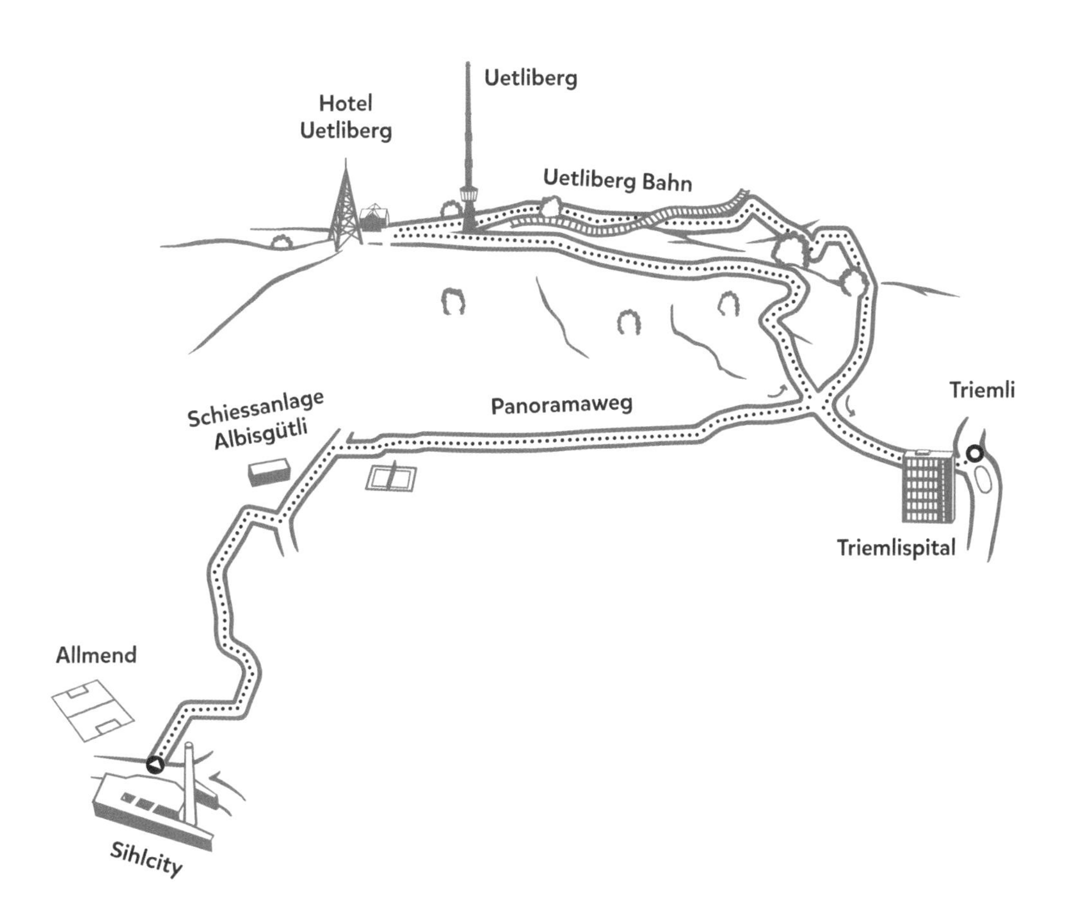
Uetliberg
Hotel
Uetliberg
Uetliberg Bahn
Triemli
Schiessanlage
Albisgütli
Panoramaweg
Triemlispital
Allmend
Sihlcity

DIE ABSOLUTE HÖHE

●●●

Diese Etappe führt dich aus der Stadt hinaus in die Natur und auf den Uetliberg, den Hausberg von Zürich. Der «Üetzgi» ist heute das Wander- und Naherholungsgebiet von Zürich. Doch einst war er Fluchtburg, Fürstengrabhügel, Hochwacht und diente der Stadtverteidigung. Mit 870 Metern ist er der höchste Punkt der Stadt und damit auch deiner Wanderung.

Zuerst geht es durch das Quartier Friesenberg – alles dem Panoramaweg entlang, begleitet von einer grandiosen Aussicht. Danach steigst du auf den Uetliberg, den «Höhe»-Punkt deiner gesamten Tour. Nach tollen Rundumblicken geht es gemütlich zum Etappenziel hinunter ins Triemli-Quartier.

LOS GEHT'S...

SIHLCITY ··· PANORAMAWEG

Wird dir der Trubel der Stadt langsam zu viel? Dann bietet dir diese Etappe eine willkommene Abwechslung und die Gelegenheit, deine Gedanken so richtig durchzulüften. Die Etappe startet bei der Tramhaltestelle Sihlcity Nord beim gleichnamigen und bekannten Konsumtempel. Von der Haltestelle aus folgst du der Strasse auf der rechten Seite in derselben Richtung, in der das Tram weiterfährt. Durchquere die Unterführung der Sihltalbahn und gehe danach über die Strasse hinüber zur Saalsporthalle. Hier finden oft bedeutende Handballspiele statt und es ist auch die Trainingsstätte des FC Zürich. Gehe rechts an der Halle vorbei und nimm den leicht ansteigenden Albisgütliweg. Links siehst du das Naherholungsgebiet Allmend und bis

AHA!

Tamboureneiche

Vor nicht langer Zeit stand vor dem Waldeingang am Albisgütliweg noch die sagenhafte Tamboureneiche. Sie war eine der grössten und ältesten Eichen weit und breit. Sie hatte 6 Meter Umfang, war 20 Meter hoch und über 300 Jahre alt. Im Sommer 2012 brach sie auseinander und musste aus Sicherheitsgründen gefällt werden.

weit ins Sihltal hinein. Im Frühling sind die Böden im Wald mit Bärlauch bedeckt und es duftet entsprechend. Als Kontrast dazu steht hier mit dem Uetlihof der grösste Bürokomplex der Schweiz. Er beherbergt 6000 Arbeitsplätze der Grossbank Credit Suisse.

AHA!

Wo das Geld regiert

Zürich ist die Finanzhochburg der Schweiz. Fast ein Drittel aller rund 300 Banken in der Schweiz haben ihren Hauptsitz in der Stadt oder im Kanton Zürich. Diese Banken verwalten die Hälfte des gesamten Schweizer Vermögens. Neben den grössten und bekanntesten Schweizer Banken haben am Finanzplatz Zürich auch zahlreiche internationale Banken ihren Sitz.

Am Ende des Albisgütliwegs, unterhalb der grossen Mehrzweckwiese bei der Schiessanlage, gehst du rechts zur Bushaltestelle und folgst dem Wanderwegzeichen in Richtung Panoramaweg. Auf dem Platz unterhalb der Schiessanlage Albisgütli steht jeweils am zweiten Septemberwochenende beziehungsweise am Wochenende vor dem Bettag die Chilbi des Knabenschiessens. Bei der Tramhaltestelle Strassenverkehrsamt gehst du den Tramgeleisen entlang bergaufwärts. Hoch oben am Horziont siehst du bereits dein nächstes Ziel: «Top of Zurich» – den Uetliberg.

Der Grossschnurri: ***«Toll ist doch, dass am Knabenschiessen alle Lehrer und Schüler den ganzen Tag schulfrei haben. Und an der dazugehörigen Chilbi dürfen am Montag jeweils alle Besucher auf allen Chilbibahnen eine halbe Stunde lang gratis fahren.»***

Der Nörgeler: ***«Dieses Geballere so nah bei der Stadt ist doch bloss Ruhestörung. Da fallen einem ja die Ohren ab. Wenigstens dürfen seit 1991 auch die Mädchen bei der Knallerei mitmachen.»***

SUISSE

AHA!
Zürcher Urgestein
Das Schützenhaus ist vor allem bekannt als Gastrobetrieb für das traditionelle Knabenschiessen, die politischen Tagungen und für das Country-Festival. Der bekannteste Anlass ist sicherlich das Knabenschiessen. Dieses traditionsreiche Zürcher Volksfest findet jeweils am zweiten Wochenende im September statt. Ursprünglich diente es als vormilitärische Waffenübung der Bürgersknaben.

AHA!
Eine eigene kleine Welt
Schrebergärten sind kleine Grundstücke für naturverbundene Städter, die fernab der City-Hektik gern selber Gemüse und Obst anbauen – oder einfach ihre Ruhe haben wollen. Schrebergärten sind Orte der Tradition und dazu weltoffen, wie es die vielen verschiedenen Flaggen beweisen. Schön, dass den Schrebergärten in Zürich so viel Platz gewährt wird.

Beim Aufstieg kommst du beim bekannten und schlossähnlichen Restaurant und Schützenhaus Albisgütli vorbei.

PANORAMAWEG ··· UETLIBERG

Beim Albisgütli gehst du ein kleines Stück weiter die Uetlibergstrasse hoch, bis du nach der Tramendstation rechts in den Panoramaweg einbiegst. Der Weg führt dich oberhalb des Tennisplatzes an Hunderten von Schrebergärten vorbei. Wie es die Bezeichnung des Wegs bereits vermuten lässt, ist das Panorama, das sich dir hier bietet, einfach eindrücklich. Auf der einen Seite erstreckt sich der Uetliberg, auf der anderen hast du einen grandiosen Ausblick über die Stadt. Diese Schönheit lockt auch viele sportbegeisterte Zürcher an. Wundere dich also nicht über die vielen joggenden Mütter mit Kinderwagen. Weiter auf dem Panoramaweg

Der Nörgeler: ***«Hier ist alles so hübsch, idyllisch und harmonisch. Es ist sogar so friedlich, dass einige Schrebergärtner ihr kleines Reich mit Elektrozäunen schützen ...»***

Das Landei: ***«Sehnsucht nach dem Land, Sehnsucht nach dem Bauernhof – hier können auch Städter kleine Gemüsebauern sein. Zwar in wohldefiniertem Rahmen, aber dennoch umgeben von Hühnern und Schafen und liebevoll gepflegtem Grün.»***

überquerst du das Bachtobel über eine Holzbrücke. Die Sicht öffnet sich nun mit jedem Schritt mehr und gibt den Blick frei auf ganz Zürich-West. Du blickst über Quartiere, durch die dich die nächsten Etappen führen werden. Die Route verläuft dem Uetliberg-Friedhof entlang, quer über die Friesenbergstrasse und weiter am Israelitischen Friedhof vorbei. Der Friedhof der Israelitischen Gemeinde wurde leider schon ein paar Mal Opfer von Vandalen.

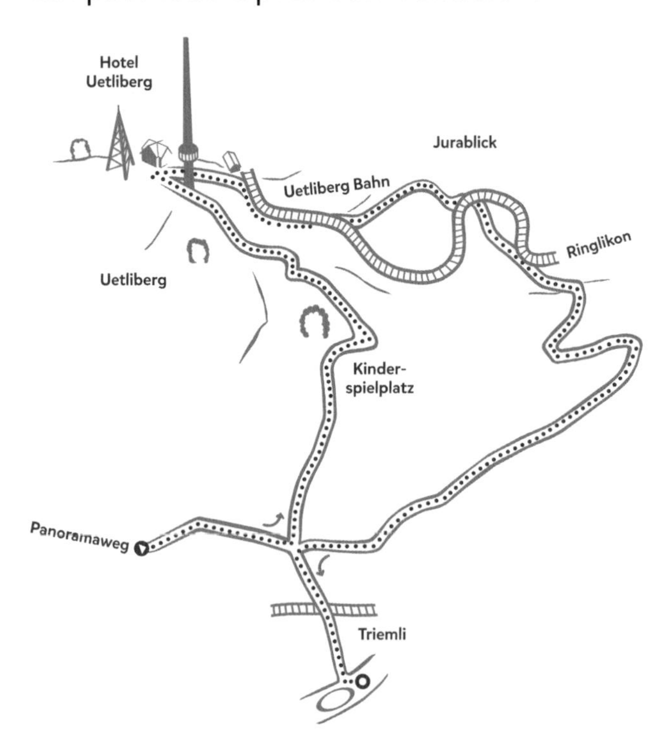

Obwohl die Wanderwegzeichen bergaufwärts zeigen, folgst du weiter dem Panoramaweg bis an dessen Ende. Am Rande der Stadt kommst du am Bio-Bauernbetrieb Döltschihof vorvorbei, einer der knapp 30 Bauernhöfe auf Stadtgebiet. Leicht unterhalb in einer Wiese steht das einstige Luxushotel Atlantis. Neu sind dort Luxuswohnungen untergebracht. Jetzt folgt der Gipfelsturm! Atme nochmals durch, bevor du die fast 400 Höhenmeter in Angriff nimmst. Folge dem Wanderweg hinauf zum **Uetliberg.** In vielen Schlaufen schlängelt sich der Weg fast wie eine Passstrasse steil den Berg hinauf. Dabei kommst du an wilden Bächen und Felsstürzen vorbei. Der Ausblick auf die Stadt, die immer weiter unter dir liegt, zeigt dir, wie du zunehmend an Höhe gewinnst. Mit etwas Glück kannst du wagemutigen Mountainbike-Freeridern bei der rasanten Abfahrt zuschauen, da die Rennstrecke mehrfach den Wanderweg kreuzt.

AHA!

In Bergnot in der Uetliberg-Nordwand

Auch am Uetliberg kann man in Bergnot geraten. Die Rega musste schon mehrmals ausrücken, um Leute, die sich verlaufen hatten und in einen der steilabfallenden Hänge der Fallätsche gerieten, aus ihrer misslichen Lage zu retten.

Bald erreichst du den grossen Rast- und Spielplatz Fuchs am Hohensteinweg. Sicher tut ein kleiner Zwischenrast vor dem Gipfel gut. Weiter geht es entlang dem Wanderweg Richtung Uetliberg. Während du bergauf gehst, zweigst du ab auf den Gratweg. Warum er auch Treppenweg heisst, wird dir rasch klar: Stufe um Stufe kommst du dem Gipfel näher. Die Sicht auf den See ist grossartig und lässt dich erahnen, wie toll der Blick von ganz oben sein wird. Auf deiner Route kommst du an einem alten Bunker vorbei. Dieser ist ein Relikt aus dem Zweiten Weltkrieg, er steht heute unter Denkmalschutz.

Schon bald kommst du am fast 190 Meter hohen Fernseh- und Sendeturm vorbei. Dieser Turm überträgt das Radio und Fernsehprogramm in die Region Zürich, und ist Funkturm für Mobilgeräte und dient dem Bundesamt für Meteorologie als Messstation. Nach dem Sendeturm sind es nur noch wenige Meter bis zum Bergrestaurant.

S'Meitli: ***«Uff, schwitz, schwitz, geschafft! Wäre ich doch mit der Bahn hochgefahren. Ein wenig stolz bin ich aber schon, dass ich alles mitgewandert bin – vor allem der Abenteuerspielplatz unterwegs hat mir Spass gemacht.»***

Geschafft! Oben angekommen, heisst es erstmal verschnaufen. Du hast es dir verdient, die Szenerie der Natur ist perfekt. Bei schönem Wetter tummeln sich hier oben so viele Leute, dass einen das Gefühl beschleicht, ganz Zürich sei hier oben und die Stadt menschenleer. Apropos: Die Bezeichnung Uto stammt indirekt vom Uetliberg ab. Die ehemalige Burg auf dem Uetliberg hiess Uotelenburg. Daher kommt der Name des Berges Uotilo, eine Verniedlichung von Uoto. Vor dem Abstieg solltest du unbedingt noch «ufega – useluege – und wieder abecho». Das heisst, dass du unbedingt einen kleinen Abstecher auf die 30 Meter höher gelegene Plattform des Aussichtsturms machen solltest. Die Aussicht und Rundumsicht ist von hier oben noch gigantischer – Postkartensujet pur. Ein wenig schwindelfrei

Der Grossschnurri: ***«Ich könnte stundenlang hinunterschauen. Die Werbung: ‹Schönster Aussichtsturm der Schweiz› trifft voll und ganz zu. Die Sicht ist einzigartig, der See, die Alpen bis zum Säntis, die Jurakette und sogar den Schwarzwald kannst du sehen – aber vor allem der Blick auf die schöne Stadt ist sensationell. Das ist tatsächlich das höchste der Gefühle.»***

solltest du aber schon sein. Zum Abstieg gehst du in Richtung der Bergstation der Uetliberg Bahn. Die Bahn war mit fast 80 Promille Steigung – ohne Hilfe von Zahnrädern – lange Zeit die steilste normalspurige Bahn Europas. Eingeweiht wurde sie schon 1875. Bis 1920 fuhr die Bahn mit Dampf.
Auf dem Weg abwärts begegnest du Fabelwesen, wanderst teilweise auf dem Planetenweg und erfährst auf Hinweistafeln, dass der Uetliberg vor über tausend Jahren ein wichtiger Verteidigungswall war.

AHA!

Einmal Jupiter retour, bitte

Lust auf eine Wanderung zu den Planeten? Auch dies ist in Zürich möglich: auf dem Planetenweg. Er führt dich von der Bergstation Uetliberg über Staffel und Felsenegg bis zur Buchenegg. Ein Meter Weg entspricht einer Million Kilometer im echten Sonnensystem. Dies ermöglicht einen Vergleich der Grössen und Distanzen.

Ab der Bergstation der Uetliberg Bahn folgst du zuerst ein Stück weit dem Wanderweg neben den Bahngeleisen talwärts. Nach dem Bahnübergang zweigst du links in den malerischen Waldweg ab und verlässt den grosszügigen Wanderweg. Wandere in Richtung Jurablick durch den Wald hindurch. Halte dich im Wald immer links, wenn rechts schmalere Wege abzweigen.
So erreichst du bald den Aussichtspunkt

Jurablick. Hier hast du freie Sicht auf die gesamte Jurakette. Vom Aussichtspunkt aus geht's weiter rechts durch den Wald, nun wieder auf einem breiteren Wanderweg. Bei der nächsten Gelegenheit zweigst du links ab und gelangst nach wenigen Metern wieder auf den Wanderweg, auf dem du schon gewandert bist, bevor du in den Wald abgebogen bist. Nach hundert Metern geht es rechts eine Treppe runter zu den Bahngeleisen. Überquere diese über den offiziellen, aber unbewachten Bahnübergang. Folge weiter dem Wanderweg bis zur Zwischenstation Ringlikon. Bei der Bahnstation gehst du nicht dem Triemliwanderwegzeichen nach, sondern wanderst halbrechts weiter in den Wald hinein. Dieser Weg, der auch als Polenweg ausgeschildert ist, verläuft zunächst ohne viel Gefälle, bis du in einer Linkskurve auf die Holensteinstrasse stösst.

Diese geht nach rechts hoch bis zum Hotel Uetliberg; diesen Weg willst du wohl nicht noch mal unter die Füsse nehmen, daher gehst du nach links weiter. Im Winter ist dieser Waldweg übrigens ein offizieller Schlittelweg. Halte dich im Wald erneut rechts, bis eine weitere Waldkreuzung auftaucht. Dort biegst du scharf rechts ab und folgst dem Schlittelweg weiter, der dich runter zum Waldrand bringt. Nun schliesst sich die Schlaufe.

Du bist wieder beim Ausgangspunkt des Aufstiegs zum Uetliberg. Von hier ist es nicht mehr weit bis zum Etappenziel, dem Triemliplatz. Dazu gehst du den Hohensteinweg hinunter bis zu den Geleisen der Uetliberg Bahn. Überquere das Bahntrasse und den Marie-Heim-Vögtlin-Weg, der nach der ersten Schweizer Ärztin benannt wurde. Der Hohensteinweg bringt dich am Rande des Areals des **Kantonsspitals Triemli** runter zum Triemliplatz. Hat dich diese Bergetappe ins Schwitzen gebracht?

AHA!

Triemlispital – ein medizinisches Zentrum

Die Stadt eröffnete das Spital Triemli 1970. Die anfängliche Aufregung rund um den Standort am Uetliberghang mit einem Hochhaus von 70 Metern hat sich inzwischen gelegt. Vielmehr wird das Spital bis 2020 saniert und baulich erweitert.

Die Aussicht war es sicherlich wert! Und auf den nächsten zwei Etappen kannst du dich gut erholen – sie sind schön flach.

DEINE GEDANKEN ZUR ETAPPE 3:

Konntest du den Kopf durchlüften?

Welche inspirierenden Gedanken hattest du dabei?

Etappe 4

…

Der **Kreis 4,** auch «Chreis Cheib» genannt, ist der wohl bekannteste und **schrillste Stadtteil** von Zürich. Über ihn wird diskutiert, **geschrieben** und gestritten. Er ist so vielfältig wie **seine Bewohner:** Die einen schwören auf die **Quartieridylle,** die anderen warnen vor den Drogenproblemen und der **Prostitution.**

START

Haltestelle Triemli, erreichbar
mit der Tramlinie 14

ZIEL

Röntgenstrasse an der Langstrasse,
Bus 32 bis Limmatplatz, dann Tramlinie 13

DISTANZ

8 Kilometer

GUT ZU WISSEN

Eine Etappe für jede Jahreszeit

HÖHEPUNKTE

Letzigrund – die Perle von Zürich

Hardau und Lochergut – Wohnungen mit Höhenluft

Idaplatz – Klein-Berlin in Zürich

Sihlfeld – die letzte Ruhestätte oder wo Dunant ruht

Bäckeranlage – plaudern, sein, bleiben und wiederkommen

Kasernenareal – ein Schritt zur Langsamkeit

Langstrasse – die verruchte Strasse

Etappe 4

•••

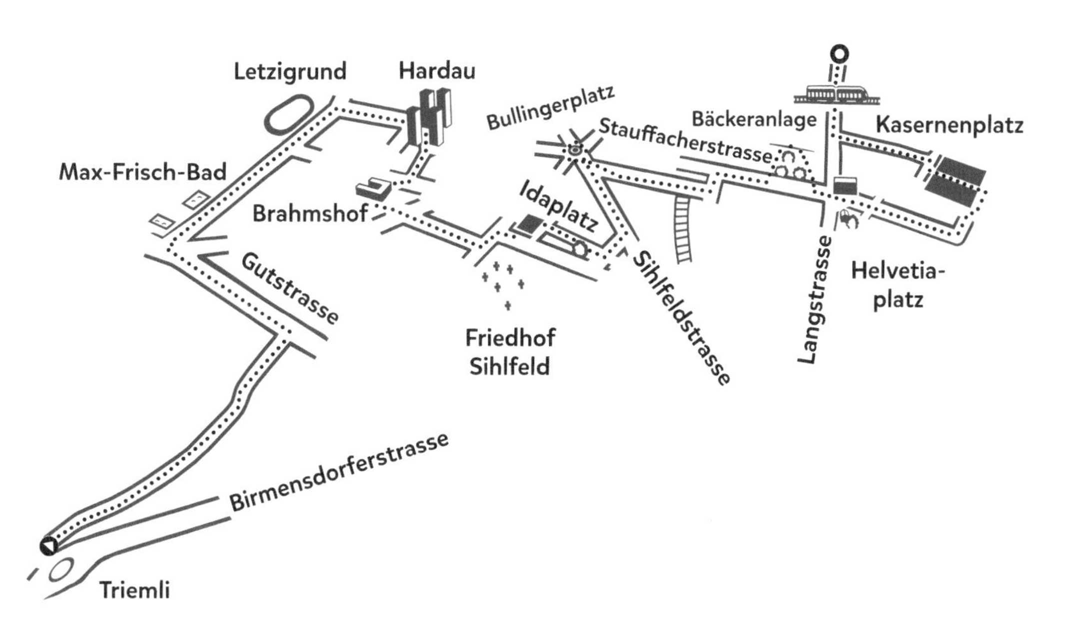

Letzigrund
Hardau
Bullingerplatz
Stauffacherstrasse
Bäckeranlage
Kasernenplatz
Max-Frisch-Bad
Brahmshof
Idaplatz
Gutstrasse
Friedhof Sihlfeld
Sihlfeldstrasse
Langstrasse
Helvetia-platz
Birmensdorferstrasse
Triemli

«CHREIS CHEIB – ÄN LIEBÄ CHEIB»

●●●

Die vierte Etappe zeigt Charme und Herz. Gleichzeitig polarisiert sie, denn sie führt dich durch den kontroversen Kreis 4 – den «Chreis Cheib». Vorbei geht es an städtischen Wohnquartieren wie der Hardau und dem Lochergut und quer über ein paar aussergewöhnliche Stadtplätze. Du erlebst hautnah, wie Zürich wohnt und lebt.

Am Ende der Etappe gelangst du an einen Ort, wie er einzigartiger und spannender nicht sein könnte – die berüchtigte Langstrasse!

110

LOS GEHT'S …

TRIEMLI ••• LETZIGRUND

Lust auf Gegensätze, auf Neues und Anderes? Genau das bietet dir diese aufregende vierte Etappe. Sie beginnt bei der Tramendstation Triemli am Triemliplatz. Dieser Platz verleiht Zürich etwas Grossstädtisches: Mit seinen grossen und offenen Strassen wirkt er fast ein wenig wie der Place Charles-de-Gaulle in Paris.

Die ersten Meter wanderst du im Untergrund durch die Unterführung. Dazu nimmst du die Treppe und gehst dann in der Unterführung nach rechts in Richtung Postbuslinien. Sobald du wieder ans Tageslicht kommst, folgst du den Wegweisern mit der Aufschrift Triemlifussweg Richtung Friedhof Sihlfeld. Am unteren Ende des Parkplatzes beginnt der Triemlifussweg.

Er führt dich zwischen grauen Beton-Wohnblocks hindurch hinunter ins Gut auf die Gutstrasse. Dieser Weg ist voller Kontraste. Du kommst vorbei an tristen Wohnsilos aus den 1970er Jahren, die aber von hübschen Grünflächen und Schrebergärten umgeben sind.

Das Landei: ***«Inmitten der zahlreichen, eher hässlichen Wohnblöcke kann man hier leicht den Koller kriegen. Wenn ich das Sagen hätte, würde ich sie abreissen und daraus noch mehr Schrebergärten machen.»***

Am Ende des Triemlifusswegs zweigst du links in die Gutstrasse ein. Schon bald erreichst du auf der linken Strassenseite Zürichs Stadtgärtnerei. Deren zwölf Gewächshäuser sind nicht zu übersehen. Tauche ein in blühende Welten mit vielen tausend Pflanzen. Rieche und bestaune verschiedenste Blumen und botanische Raritäten. Die Stadtgärtnerei ist die «Pflanzenquelle» für sämtliche Zürcher Parkanlagen. Dazu gehören übrigens auch die fast 80'000 Bäume auf dem Stadtgebiet. Nach der Stadtgärtnerei folgt am Ende der Gutstrasse der Hubertusplatz.

AHA!

Die architektonische Badeanstalt

Den Übernamen Max-Frisch-Bad verdankt das Schwimmbad dem verstorbenen Zürcher Autoren und Architekten Max Frisch. Er baute dieses Freibad, nachdem er 1943 den dafür ausgeschriebenen Architekturwettbewerb der Stadt gewonnen hatte. Es ist der einzige grössere Bau, den Frisch realisierte. Das weitgehend im Originalzustand erhaltene Bad steht unter Denkmalschutz.

Überquere ihn und gehe nun in den Letzigraben. Dieser war früher zusammen mit der Letzimauer Teil der Stadtbefestigung. Heute ist davon leider nicht mehr viel übrig. Dafür folgt auf der linken Strassenseite schon bald eine weitere spezielle Zürcher Einrichtung: das **Letzibad.** Insider nennen es auch Max-Frisch-Bad. Am einstigen Wohnort von Max Frisch kommst du übrigens etwas später auf dieser Etappe auch noch vorbei.

Der Nörgeler: ***«Makaber: Während der Bauarbeiten für das Letzibad fand man Skelette von Hingerichteten. Das Freibad, wo heute Sonnenhungrige Farbe bekommen, ist also offenbar ein Ort mit dunkler Vergangenheit. Da ist mir die sonnengebräunte Gegenwart doch lieber.»***

Folge weiter dem Letzigraben bis zum Letzigrund. Dieser kreisrunde Platz wird wegen dem 2007 eröffneten Letzigrund-Stadion auch FC-Zürich-Platz genannt. Das Stadion mit seiner markanten Flutlichtanlage ist eine architektonische Meisterleistung. Da es teilweise in den Boden hineingebaut ist, wirkt der Bau nicht dominant und integriert sich gut ins Quartierbild. Ein Blick in die imposante Mehrzweckarena lohnt

16
17
18
19

1.50 m

sich auf jeden Fall. Mit den über 26'000 Sitzplätzen ist das multifunktionale Stadion Austragungsort für Fussballspiele, Open Airs oder Sportanlässe wie das Leichtathletikmeeting «Weltklasse Zürich». Gleichzeitig ist es auch das Heimstadion der beiden Stadtrivalen FC Zürich und Grasshopper Club Zürich. Für welchen Club bist du Feuer und Flamme?

Der Nörgeler: ***«Der Letzigrund ist die Perle von Zürich! Und dazu ein FCZ-Platz. Welcher andere Fussball-Club in der Schweiz hat einen eigenen, nach ihm benannten Platz? Die Young Boys haben das Recht, neidisch zu werden – heisst es doch in Bern Wankdorfplatz und nicht YB-Platz.»***

LETZIGRUND ••• FRIEDHOF SIHLFELD

Weiter geht die Wanderung entlang der Herdernstrasse am Stadion vorbei, immer den Prime Tower im Blick, bis hinunter zum Schlachthof, einem eindrücklichen über hundertjährigen Backsteingebäude. Wusstest du, dass der Schlachthof Zürich einer der grössten Fleischproduzenten der Schweiz ist? Du befindest dich nun im Kreis 4 – dem «Chreis Cheib». An der Kreuzung beim Schlachthof folgst du rechts der Bullingerstrasse. Vorbei geht es am

AHA!

Der Chreis Cheib – än liebä Cheib

Der Name «Chreis Cheib» stammt aus der Zeit, als dieses Quartier noch von der Stadt dazu benutzt wurde, unangenehme Dinge auszulagern: zum Beispiel das Siechenhaus, den Galgenhügel oder die Entsorgungsstelle der Tierkadaver oder eben «Cheibe». In den 1960er und 1970er Jahren prägten die Gastarbeiter das Quartier. Aber auch das Rotlichtmilieu machte diesen Kreis zu dem, was er heute ist: ein bunter, multikultureller und lebensfroher Stadtteil.

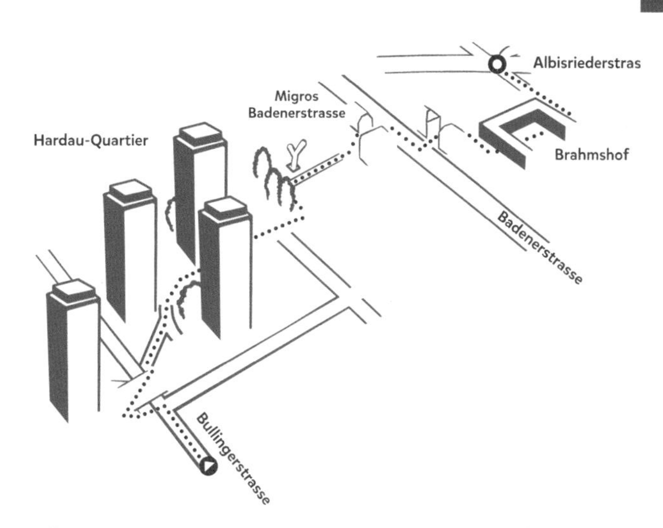

Quartiergarten Hardau bis zur Sporthalle Hard, einem in Blech verkleideten Gebäude. Hier gelangst du über einen Aufgang in die Hardau. Der Name steht für vier markante braune Hochhäuser aus den 1970er Jahren. Vier Häuser, die etwas Magisches und Anziehendes haben.

AHA!

Das magische Quartier

Die Hardau ist aus Zürich nicht mehr wegzudenken. Ihr höchster Turm war mit seinen 92 Metern und 33 Stockwerken lange Zeit das höchste Gebäude der Stadt und ist noch heute der höchste Wohnblock von Zürich. Ein überdimensioniertes Katapult ist das Wahrzeichen des Quartiers. Diese 15 Meter hohe, in der Nacht leuchtende Y-Skulptur dominiert das Quartierbild.

Die Route führt dich mitten durch das Hardau-Quartier zwischen den Hochhäusern hindurch. Du kommst vorbei an auffälligen braunen Kunstgebilden, die wie riesige, in sich zusammenfallende Schläuche aussehen. Du verlässt das Quartier in

S'Meitli: ***«Uiii! So viele hohe Häuser beieinander. Das ist ja schon fast wie in New York. Und das Y sieht aus wie eine riesige Steinschleuder… Aber halt, das ist ja eine Schaukel! Schaffe ich einen Looping?»***

Richtung Badenerstrasse. Überquere die Strasse und folge ihr nach rechts. Biege nach ca. 50 Metern links in den kleinen Fussweg ein, der dich zur Wohnanlage Brahmshof führt. Das grün-blaue Wohnhaus mit Eisenbalkonen gleicht einer Schiffswerft. Seine Architektur lieferte einst viel Gesprächsstoff: Manche Zürcher lieben es, andere schliessen lieber die Augen – mach dir selbst ein Bild.

Durchquere den Brahmshof durch den Innenhof und verlasse die Wohnanlage auf der Seite, wo sich das Restaurant Brahmshof befindet. Folge links der Brahmsstrasse bis zur nächsten grösseren Kreuzung. Gehe vorbei am städtischen Krematorium Richtung Friedhof Sihlfeld. Falls du fit bist, lohnt sich eine Zusatzschlaufe durch den grossen Friedhof. Starte den Friedhofsbesuch beim Eingang an der Ämtlerstrasse, rechts neben dem Blumenladen Bassetti. Der Friedhof ist die grösste zusammenhängende Grünfläche von Zürich. Nur ein Drittel davon wird

AHA!

Letzte Ruhestätte

Auf dem Friedhof Sihlfeld liegt der unbekannte «Züri-Büetzer» neben Schriftsteller Gottfried Keller und Henry Dunant, dem Gründer des Internationalen Komitees vom Roten Kreuz (IKRK), begraben. Sehenswert sind die zahlreichen Kunstobjekte, die du überall auf der Anlage findest. Sie stammen von namhaften Künstlern wie Franz Fischer, Silvio Mattioli oder Otto Kappeler.

für Grabstätten genutzt. Der Rundgang endet beim imposanten Hauptportal des Friedhofs.

Tipp

BLUMEN BASSETTI

Der Blumenladen Bassetti ist ein kreatives Floristengeschäft, geführt von Heidi Kunz. Sie und ihre Mitarbeitenden kreieren für dich und alle anderen Kunden wandervolle Blumensträusse. Im Sommer verwandelt das Team um Heidi Kunz Wohnräume und Balkone zu blühenden Gärten.

FRIEDHOF SIHLFELD ••• STAUFFACHERSTRASSE

Gegenüber dem Friedhofsportal wanderst du über die grosszügige parkähnliche Grünfläche der Fritschiwiese, die gemeinsam mit den Anwohnern

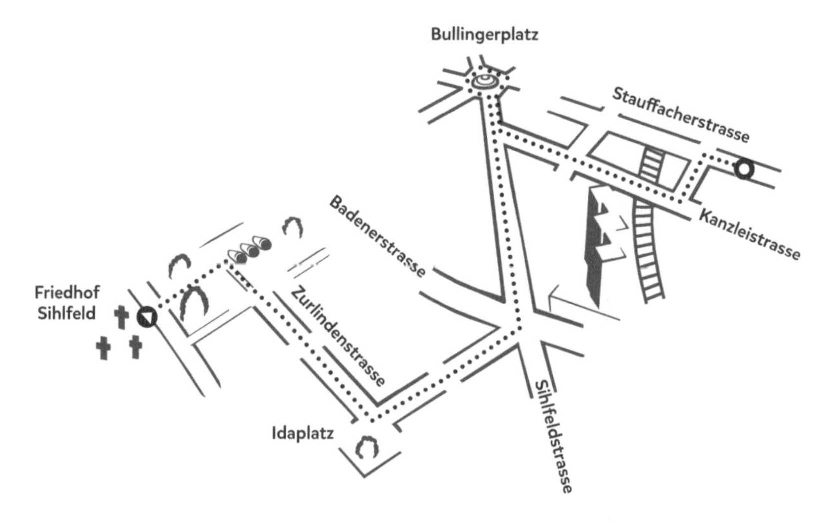

gestaltet wurde. Sie eignet sich gut für eine kurze Rast; insbesondere die Kleinen haben hier Gelegenheit, sich auszutoben. Auf halber Höhe des Parks befindet sich die Zurlindenstrasse. Folge dieser stadteinwärts. In einem Eckhaus dieser typischen Quartierstrasse findest du das gemütliche Kafi Dihei. Schon der mit einer imposanten wilden Rebe verwachsene Eingang ist einmalig. Das Lokal ist ein idealer Ort für eine Kaffeepause und ein Stück des leckeren selbstgebackenen Kuchens. Das Motto «Lieber gemütlich als cool» bringt die Atmosphäre dieses Wohlfühlorts wunderbar auf den Punkt. Folge der Zurlindenstrasse stadteinwärts bis zum Idaplatz.

AHA!

Die gute Stube des Quartiers

Der Idaplatz ist das Paradebeispiel eines städtischen Quartierplatzes mit eigener Identität. Als Brennpunkt des öffentlichen Lebens und Quartierzentrum in einem ist er wie die «gute Stube» einer Wohnung und wirkt wie eine eigene kleine Welt. Kleine Restaurants und Bars ducken sich verspielt in winzige Ecken, die Trödler erobern das Trottoir und kleine Geschäfte, Coiffeursalons, Shops und Brockenstuben prägen das Strassenbild.

Das Quartier rund um den Idaplatz ist eines der urbansten der Stadt. Es gleicht ein wenig dem Berliner Stadtteil Kreuzberg. Hier entwickelt sich zurzeit eine neue Kulturszene. Am Idaplatz biegst du links in die Bertastrasse ein und folgst dieser bis an deren Ende zum Lochergut – «Locherguet» auf «Züri-Dütsch». Das Lochergut wirkt wegen der enorm breiten Häuser sehr dominant. Ausserdem ist es an der höchsten Stelle mit 62 Metern gleich hoch wie die Türme des Grossmünsters. Wie die Hardau ist es eine über die Stadtgrenzen hinaus bekannte Hochhaussiedlung. Das Lochergut ist eine bevorzugte Adresse für Architekten und Künstler; zu den bekanntesten Mietern gehörten sicherlich die Videokünstlerin Pipilotti Rist und der Schriftsteller Max Frisch. Das Lochergut inspirierte auch schon junge Rapper zu provokativen Texten.

Der Nörgeler: ***«Anonym in ‹Bienenwaben› zu leben – ist das der Traum der jungen Stadtbewohner? Der Gemeinschaftssinn bleibt da doch völlig auf der Strecke. Will denn in dieser Welt jeder alleine sein?»***

STAUFFACHERSTRASSE ••• HELVETIAPLATZ

Vom Lochergut geht es weiter über die verkehrsberuhigte Sihlfeldstrasse. Vor Kurzem donnerte hier noch der gesamte Verkehr der West-Ost-Tangente durch. Lastwagen um Lastwagen, Auto um Auto – regelmässige Staus, Lärm und Abgase bestimmten das tägliche Leben. Doch damit ist Schluss. Heute haben sich die Quartierbewohner die Strasse wieder zurückerobert. Folge ihr bis zum neu gestalteten Bullingerplatz – einem «Wasserplatz» mit schickem Brunnen. Einmal um den Kreisel! Nach der Platzbesichtigung wendest du und gehst denselben Weg, den du gekommen bist, ein paar Meter zurück. Biege links in die Kanzleistrasse ein, die dich über die Brücke und die Bahngeleise führt. Nach der Brücke gehst du nach links Richtung Hotel Greulich. Der Weg dahin ist eine Rarität für Zürich – es ist eine Wanderautobahn. Denn die Fussgänger haben hier gleich viel Platz wie die Autos.

Tipp

HOTEL GREULICH

Bietet urbanes Design in Reinkultur. So erstaunt es wenig, dass das Hotel schon mehrfach ausgezeichnet wurde. Es lebt vom städtischen Flair in Kombination mit der Innenarchitektur aus verspielten Farben und Formen. Die hochkarätige Küche verzaubert mit kulinarischen Köstlichkeiten. Das Greulich bietet dir originelle und dennoch hochklassige Zimmer, die trotz modernem Design viel Wärme und Herzlichkeit ausstrahlen.

VIP
sanitas
BAR DISCO CLUB

Tipp

RESTAURANT BÄCKERANLAGE

Das in die Parkanlage integrierte Restaurant Bäckeranlage bietet dir das ganze Jahr über günstige und marktfrische Küche. Es ist eine herrliche Gelegenheit, um eine Rast einzulegen. Neben den Menüs locken auch die Angebote der Hauskonditorinnen. Sehr empfehlenswert ist die berühmte Quarktorte.

AHA!

Bäckeranlage – plaudern und verlieben

Die Bäckeranlage ist ein Park voller Leben und Flair – hier findest du nicht Natur pur, dafür umso mehr Spass und Geselligkeit. Es herrscht ein buntes, lockeres und ungezwungenes Treiben. Jung und Alt fühlen sich hier wohl. Das war nicht immer so. Der Park war lange Zeit Treffpunkt von Obdachlosen und Alkoholabhängigen. Heute gehört die Bäckeranlage wieder den Quartierbewohnern – und das ist auch gut so!

Nach wenigen Schritten stehst du vor dem Hotel. Na, Hunger oder Durst? Dann tritt ein. Beim Hotel Greulich biegst du rechts in die Stauffacherstrasse ein. Die Seitengassen bieten dir immer wieder interessante Einblicke. Du entdeckst architektonisch ungewöhnliche Häuser, verwunschene Balkone und spannende Läden. Dein nächstes Ziel ist die **Bäckeranlage,** eine tolle innerstädtische Parkanlage. Im Sommer bietet dieses Quartierzentrum ein buntes Kulturprogramm. Die Route führt dich in der gleichen Richtung weiter bis zum Helvetiaplatz. Gemeinsam mit der Langstrasse bildet die Gegend um den **Helvetiaplatz** das Herz des multikulturellen Viertels von Zürich. Regelmässig gibt es hier einen traditionellen Lebensmittelmarkt, der mit seinem unglaublich bunten Mix an heimischen und exotischen Produkten einmalig ist. Auf keinem anderen Markt in der Schweiz treffen so viele verschiedene Nationalitäten zusammen. Auf dem Areal des Schulhauses Kanzlei befinden sich auch ein Theater und eine Disco. Bei gutem Wetter tummeln sich abends auf dem Platz diskussionsfreudige Menschen und passionierte Petanque-Spieler.

AHA!

Helvetiaplatz – Ort der Kundgebungen und Feste

Auf dem Helvetiaplatz führen Arbeiter seit jeher öffentliche Veranstaltungen durch, so zum Beispiel die 1.-Mai-Kundgebung oder die Meisterfeiern des FC Zürich. Der Stadtteil Aussersihl war schon immer ein Zentrum der Arbeiterbewegung. Hier findet mit dem «Caliente» auch das grösste europäische Latinofestival statt. Der Platz soll in Zukunft weiter aufgewertet werden, indem die umliegenden Flächen und Gebäude noch mehr zu einem Ganzen verschmelzen.

HELVETIAPLATZ ••• LANGSTRASSE

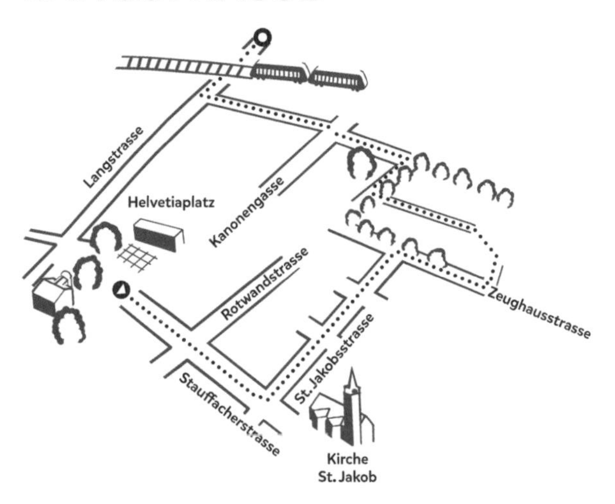

Dort, wo das Arbeiterdenkmal von Karl Geiser mit drei aus Metall gegossenen Männern steht, setzt du deine

Wanderung fort und gehst weiter die Stauffacherstrasse hoch. Vorbei am Volkshaus bis zur Kirche St. Jakob am Stauffacher. Der Kirchturm ist beachtliche 80 Meter hoch. Ein Rundgang um das Gebäude und ein Blick ins Innere lohnen sich. Neben der Kirche stehen zwei Kunstwerke: eine Treppe, die nach oben im Nichts endet, und eine Skulptur mit dem Titel «Häutung».

AHA!

Das Kino auf dem Asphalt

Im Zeughaushof des Kasernenareals wartet eine Zürcher Neuheit auf dich: das Asphaltkino mit dem originellen Filmtitel «Ein Schritt zur Langsamkeit». Erschaffen wurde es vom Berner Künstler Menel Rachdi und den Schülern des benachbarten Schulhauses Hohlstrasse. Anders als bei gewöhnlichen Filmen betrachtet man diesen Film nicht vom Sessel aus, sondern man läuft dem auf den Asphalt gemalten Streifen entlang, vorwärts und rückwärts. Erst durch die Bewegung erwacht das Asphaltkino zum Leben. So ist es wie geschaffen für dich als Stadtwanderer.

Nach der Kirchenbesichtigung geht es bei den Skulpturen rechts weiter Richtung St. Jakobsstrasse. Restaurants und Geschäfte mit originellen Namen zieren die Strasse. Dazu gehören zum Beispiel das Irma la Douce, die Nachtigall oder das Hannibal. Zwei Häuserblocks weiter biegst du links in die Müllerstrasse ein. Nach wenigen Schritten stehst du vor der Bar Daniel H. Gleich danach biegst du rechts in die Rotwandstrasse ein. An deren Ende gelangst du zum Kasernenareal. Direkt auf der gegenüberliegenden Strassenseite befindet sich die Eingangspforte zum Zeughaushof des Kasernenareals. Früher war die Kaserne mit den Zeughäusern, der Exerzierwiese und den Stallungen Sinnbild für den militärischen Willen und die Verteidigungsbereitschaft. Ebenfalls im Zeughaushof befindet sich der Kunstraum Walchenturm. Die unabhängige Institution dient als Zürcher Kunstplattform, wo zeitgenössische Kunst von nationalen wie auch internationalen Kunstschaffenden präsentiert wird. Du verlässt den Zeughaushof durch den Ausgang, der sich links vom barocken Gebäude befindet, und gelangst in die Kanonengasse. Weiter geht es auf der anderen Strassenseite durch die Dienerstrasse. Folge ihr bis zur **Langstrasse,** die, wie es der Name vermuten lässt, tatsächlich sehr lang ist. Und dazu mindestens ebenso berüchtigt – und zwar in der ganzen Schweiz. Die rund um die Uhr belebte Strasse ist der krönende Abschluss dieser Etappe. Folge der Langstrasse nach rechts, gehe durch die Unterführung, die unter

S'Meitli: ***«Das Kino ist einfach mega – ich wünschte, es würden noch viele weitere solche begehbaren Filme gedreht.»***

AHA!

Langstrasse – die verrückte, verruchte Strasse

Ein Touch Verruchtheit und Unanständigkeit haftet der Langstrasse und ihrer Umgebung seit jeher an. Sie wurde auch schon als das verrückteste Quartier der Schweiz bezeichnet. Auf jeden Fall ist sie eine der illustresten Strassen von Zürich. Lass dich von ihr einnehmen und überraschen. Entdecke die mediterrane Stimmung und den Duft von fremden Küchen zwischen Bordellen, Bars und Cabarets. Hier schlägt das Multi-Kulti-Herz von Zürich so heftig wie nirgendwo sonst.

den Bahngeleisen hindurchführt, und schon bist du am Ziel bei der Haltestelle Röntgenstrasse an der Langstrasse angelangt. Und wieder ist eine abwechslungsreiche und spannende Etappe zu Ende. Eine Etappe mit einem aufregenden Mix aus Andersartigkeit in Bezug auf Wohnkultur, Lebensphilosophie und Weltverständnis. Die Gegensätze, denen du auf dieser Etappe begegnet bist, ermöglichen es uns aber auch, Vorurteile abzubauen und das «Andere» zu akzeptieren.

Das Landei: ***«‹Sei bloss vorsichtig da!›, so klingen die Warnungen, die man sich zur Langstrasse anhören muss. Dabei ist alles halb so wild. Hier gibt es kleine, unspektakuläre und auch dubiose Geschäfte, verrückte Schaufenster und da und dort ein schmutziges Lädeli für grosse Jungs und Mädels. Manchmal ist es vielleicht sogar etwas verrucht, aber auch nicht gefährlicher als nachts in einem Kuhstall auf dem Land.»***

DEINE GEDANKEN ZUR ETAPPE 4:

Wie hat der «Chreis Cheib» mit all seinen Gegensätzen und Widersprüchen auf dich gewirkt?

Etappe 5

...

«Im Westen nichts Neues» gilt für Zürich längst nicht mehr. In Zürichs Westen blieb in den letzten Jahren kein Stein auf dem anderen. Der neue Stadtteil katapultiert dich mitten hinein in Zürichs neues Lebensgefühl – eine prickelnden Mischung aus Urbanität, Multikulti und lebendigem Quartierleben.

START

Bushaltestelle Röntgenstrasse an
der Langstrasse, erreichbar mit Bus 32

ZIEL

Tüffenwies

DISTANZ

7 Kilometer

GUT ZU WISSEN

Im Sommer einige Bademöglichkeiten
Shopper kommen voll auf ihre Rechnung

HÖHEPUNKTE

Zürichs wilder Westen – ein Quartier im Wandel

Heinrichstrasse – dörflicher Charme inmitten der Stadt

Limmat – idyllische Natur, ideal zum Baden und Relaxen

Hardturm – historischer Turm im Trend-Quartier

Wipkingerpark – ein Paradies für Kinder

Im Viadukt – 53 Bögen für Entdecker und Geniesser

Prime Tower – die absolute Höhe!

Puls 5 – alte Fabrikgebäude in neuer Architektur

Etappe 5

●●●

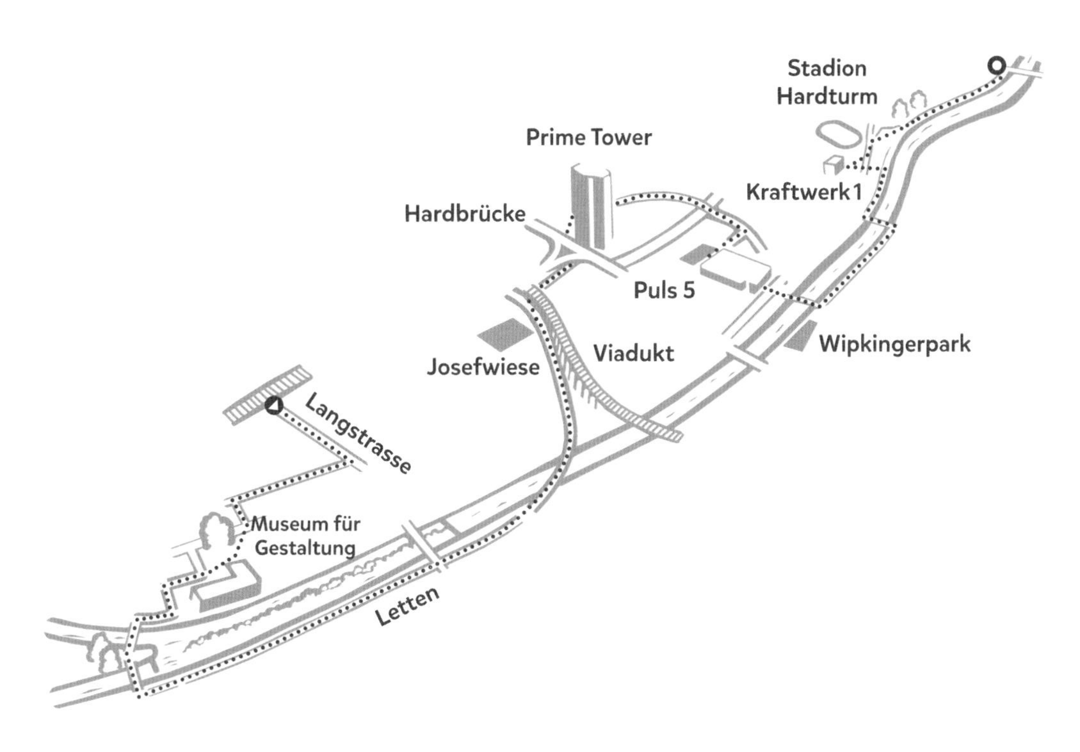
Stadion
Hardturm
Prime Tower
Kraftwerk 1
Hardbrücke
Puls 5
Wipkingerpark
Viadukt
Josefwiese
Langstrasse
Museum für
Gestaltung
Letten

DIE STADT ERZÄHLT IHRE EIGENE WEST SIDE STORY

●●●

Westlich von Zürich liegt die Hauptstadt Bern, aber so weit brauchst du heute nicht zu wandern. Dennoch führt dich die fünfte Etappe weit in den Westen der Stadt – in den «Wilden Westen» von Zürich. Im Wilden Westen war früher einiges los, und das trifft auch auf diesen sich im Um- und Aufbruch befindlichen Stadtteil zu. Innert kürzester Zeit hat er sich von einem Industriequartier zu einer der spannendsten Kulturmeilen Europas gemausert.

Alles hier ist in Bewegung, verändert sich laufend und erfindet sich immer wieder neu. Dabei geht der Respekt gegenüber der Geschichte und ihren Spuren keineswegs verloren. Hier findest du das urbane Lebensgefühl, das Zürich den Touch einer internationalen Grossstadt verleiht.

VIADUKT

LOS GEHT'S...

RÖNTGENSTRASSE ••• MUSEUM FÜR GESTALTUNG

Bist du bereit, diese einmalige Atmosphäre zu erleben? Dann mach dich gleich auf die Socken: Los geht's mit der aufregenden fünften Etappe! Der Ausgangspunkt dieser Etappe ist die Bushaltestelle Röntgenstrasse. Zuerst gehst du weiter der bekannten Langstrasse entlang und entfernst dich von den Geleisen der Zürcher Bahnhofseinfahrt. Beim Durchwandern des unteren Endes der Langstrasse siehst du nach dem ersten Block links in der Neuengasse das Kulturkino Riffraff. Es ist bekannt für seine aussergewöhnlichen, nicht hollywoodtypischen, meist originalsprachigen, alternativen Filme. Noch bevor du den Limmatplatz erreichst, biegst du rechts in die Heinrichstrasse ab.

AHA!

Dörflicher Charme inmitten der Stadt

In der Heinrichstrasse stehen noch Häuser aus der ältesten Arbeitersiedlung der Schweiz aus dem Jahre 1872. Ein paar grosse Unternehmen wie zum Beispiel Escher Wyss gründeten damals einen Aktienbauverein, um den Industriearbeitern günstigen Wohnraum mit einem kleinen Garten für den Gemüseanbau zur Selbstversorgung anbieten zu können. Dies sollte die Arbeiter dazu ermuntern, sesshaft zu werden. Wer einen Blick in den Innenhof an der Konradstrasse 73 wirft, möchte sich am liebsten gleich hier niederlassen.

Hier wechselt die Szenerie schlagartig – es scheint, als wärst du inmitten eines Dorfes gelandet. Fast unvorstellbar, dass du hier noch immer im Zentrum von Zürich bist. Die vielen kleinen, bunten und zum Teil recht wilden Vorstadtgärtchen machen aus dieser Strasse etwas Besonderes.

MUSEUM FÜR GESTALTUNG ··· LETTENBAD

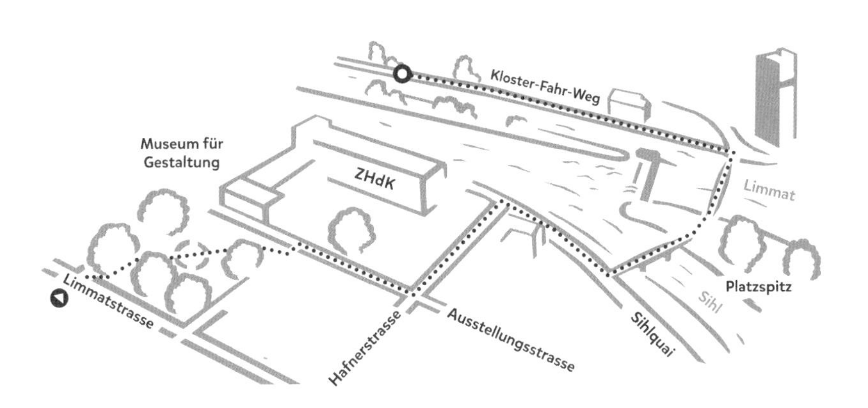

Dein nächster Fixpunkt ist das Museum für Gestaltung. Folge dazu der Konradstrasse weiter bis zur Kreuzung Klingenstrasse und biege links in diese ein. Schon bald kannst du die stärker befahrene Limmatstrasse überqueren. Dann kommst du zum Museum für Gestaltung, du brauchst nur noch den Platz mit dem Brunnen zu überqueren, der vor dir liegt. Darum herum sitzen nackte Männerfiguren mit Adonis-Körpern in nachdenklicher Pose. Das Museum bietet Ausstellungen zu Design, Alltagskultur, Fotografie, Kunst und Medien. Ein Besuch des Museumsshops lohnt sich ebenfalls. Der minimalistische Museumsbau aus den 1930er Jahren ist ein schönes Beispiel für den damaligen neuen Baustil der Schweiz.

Weiter geht es der Ausstellungsstrasse entlang ein paar Schritte stadteinwärts bis zur Hafnerstrasse. Biege links in diese ein und folge ihr bis zum Sihl-Ufer. Vor dir siehst du nun das bekannte Lettenwehr, das Wasserstand und Wassermenge der Limmat reguliert und deshalb für den Zürichsee besonders wichtig ist.

Während du das Lettenwehr, genauer gesagt den Drahtschmiedlisteig überquerst, kommst du am schönen und ehemals berühmt-berüchtigten Platzspitz-Park vorbei. Er verdankt seinen Namen der Limmat und der Sihl. Das spitze Ende des Parks entstand durch das Zusammenkommen der beiden Flüsse; hier fliesst die Sihl, der du in der ersten Etappe gefolgt bist, in die Limmat. Der Platzspitz ist dank seiner bekannten barocken Gartenanlage ein von Gross und Klein geschätztes Erholungsgebiet.

AHA!

Needle-Park

Der Platzspitz-Park gab vor nicht langer Zeit Anlass zu hitzigen Diskussionen und Negativschlagzeilen. In US-Reiseführern wurde er seinerzeit als gefährlich eingestuft. Der Grund: Der Park wurde von der offenen Drogenszene in Beschlag genommen – einer Szene, die von Tag zu Tag unkontrollierter und elender wurde. Drogensüchtige aus ganz Mitteleuropa trafen sich hier, in der schlimmsten Zeit waren es bis zu 2000 Abhängige. So wurde der Platzspitz zu einem Ort voller Leid und menschlicher Tragödie. Die anfängliche Toleranz der Behörden führte zu immer schlimmeren Zuständen. Nach heftigen politischen Auseinandersetzungen wurde der Park 1992 vorübergehend geschlossen.

LETTENBAD ··· JOSEFWIESE

Wenn du auf der anderen Flussseite angekommen bist, siehst du das kunterbunt bemalte Dynamo vor dir. Es ist ein Kulturzentrum mit Werkstätten, einer Bar und einer «Chuchi» am Wasser. Dein Weg führt dich weiter auf dem Wanderweg, dem Kloster-Fahr-Weg, der flussabwärts verläuft.

Nach ungefähr 500 Metern erreichst du das trendige obere Lettenbad. Ein Ort, um sich hinzusetzen und zu «chillen» – aber selten alleine.

Ljmmat

Der Letten an den stillgelegten Geleisen der ehemaligen Bahnlinie Hauptbahnhof-Stadelhofen ist eine beim Zürcher Szenepublikum beliebte In-Meile.
An schönen Tagen platzt der Letten aus allen Nähten. Wenn es die Temperatur zulässt, kannst du hier ins Wasser springen und dich von der Strömung der Limmat treiben lassen.

Vor ein paar Jahren war hier noch alles anders: Als der Platzspitz geschlossen wurde, etablierte sich hier die Drogenszene – offener, brutaler und tragischer als je zuvor. So galt der Letten lange Zeit als Drogenhölle und Slum von Zürich. Doch auch dieses dunkle Kapitel der Stadtgeschichte gehört heute zum Glück der Vergangenheit an. Nach dem Flussbad folgst du weiter dem Kloster-Fahr-Weg, biegst aber noch vor dem Elektrizitätswerk rechts ab und wechselst links auf das Lettenviadukt. Das **Lettenviadukt** ist ein 120 Jahre altes Eisenbahnviadukt mit imposanten Natursteinbögen.

AHA!

53 Bögen für Entdecker und Geniesser

Das Lettenviadukt wurde 2012 renoviert und erstrahlt heute in neuem Glanz. Schon seit jeher wurden die zahlreichen Natursteinbögen des Viadukts als improvisierte Lagerflächen oder für Ladengeschäfte genutzt. Unter dem Label Im Viadukt entstand in den 53 Bögen der Brücke das längste Einkaufszentrum der Stadt – es ist 500 Meter lang. Es bietet ein einzigartiges Ambiente und eine Vielzahl von unterschiedlichen Läden und Cafés. Die Geschäfte locken mit originellen Namen wie Klang, Jenseits oder Zeithalle. Das Ganze ist ein Einkaufserlebnis der besonderen Art.

Vorbei geht es am stillgelegten Bahnhof Zürich Letten. Entlang der ehemaligen Geleise bringt es dich direkt in das einstige Industriequartier Zürichs. Auf der Höhe der Josefwiese, einem lebendigen Quartiertreffpunkt, nimmst du die Treppe rechts zur grossen Wiese hinunter. Im Zweiten Weltkrieg wurde die Josefwiese in den Versorgungsplan von alt Bundesrat Wahlen einbezogen. Der unter dem Namen «Anbauschlacht» bekannte Plan hatte die Sicherstellung der Selbstversorgung der Schweizer Bevölkerung während des Zweiten Weltkriegs zum Ziel. So wurden auf vielen öffentlichen Plätzen Kartoffeln und Gemüse angepflanzt – auch auf der Josefwiese.

Das Landei: ***«Ach, wäre es doch auf dem Land genauso einfach, Kontakte zu knüpfen! Hier auf der Josefwiese herrscht pure Lebensfreude – das bunte, lockere und ungezwungene Treiben von Jung und Alt macht neidisch. Sich treffen, plaudern, bleiben, scheint hier das Motto zu sein. Hier herrscht Offenheit und Toleranz – und weit und breit keine Spur von Bünzlitum.»***

JOSEFWIESE ··· PRIME TOWER

Dein Weg führt dich nochmals unter dem Viadukt hindurch, durch den Durchgang am Ende der Wiese. Dein nächstes Ziel kannst du nicht verfehlen: Es ragt – von weit her sichtbar – vor dir in die Luft: der Prime Tower. Dieser imposante Glasturm, der wie ein grüner Kristall in der Landschaft steht, ist das neue Wahrzeichen Zürichs. Um zum 126 Meter hohen Prime Tower zu gelangen, gehst du der Geroldstrasse entlang, vorbei am hohen Turm aus aufeinandergestapelten, rostigen Containern des modischen Geschäfts Freitag. Diese sind ein weiterer Beweis dafür, dass hier im Wilden Westen alles ein wenig anders ist. Du bist nun im Herzen des Kreis 5 angelangt, dem Escher-Wyss-Quartier. Lust auf Aussicht und Höhenluft? Dann nimm den Expresslift hoch ins Restaurant Clouds in der 35. Etage des Prime Towers. Hier bist du dem Himmel ein Stück näher. Geniesse den magischen Moment, die Aussicht auf Zürich und die Szenerie, die sich weit unter dir auf den Strassen abspielt.

Der Grossschnurri: ***«Eins ist klar: ‹Me hätt en› in Zürich, den Stil. Und Zürich ist ja schon fast ein kleines Manhattan. Denn die Stadt schiesst immer mehr in die Höhe. Der beste Beweis dafür ist der neue Tower. Mit 126 Metern ist dieser Turm mit der kühnen Glasarchitektur das derzeit höchste Gebäude der Schweiz.»***

Der Nörgeler: ***«Ja ja, Zürich als ‹Little Manhattan› – träumt weiter, denn da fehlen schon noch zwei oder drei weitere Hochhäuser. Wie lange dauert es wohl noch, bis Basel oder eine andere Stadt einen höheren Turm hat?»***

PRIME TOWER ••• WIPKINGERPARK

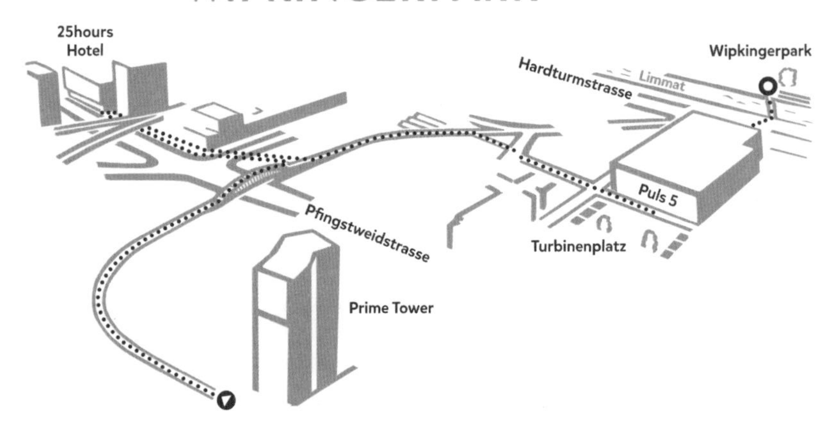

Beim Tower gehst du Richtung Bahnhof Hardbrücke. Vor diesem beginnt das rote Band. Wo? Welches Band? Na, das vor deinen Füssen. Dieses Band ist ein neuer Fuss- und Veloweg, der zur Erinnerung an die stillgelegten Industriegeleise als rotes Betonband gestaltet ist. Du folgst deinem Laufband rund einen Kilometer lang fast bis zum Puls 5. Bei der Pfingstweidstrasse wird das Band von der markanten, modernen, roten Fussgängerbrücke unterbrochen – ein weiterer architektonischer Blickfang des Kreis 5. Überquere die Strasse über diese Brücke. Gehe nach der Brücke die Treppe zur Pfingstweidstrasse hinunter und mache einen kurzen Abstecher in das sehenswerte 25hours Hotel, das sich 100 Meter weiter oben an der Pfingstweidstrasse befindet. Nach diesem Abstecher gehst du wieder den gleichen Weg zurück bis zum roten Band und folgst diesem, bis du zwischen den markanten Gebäuden in der Ferne den alten Wasserturm der einstigen Giesserei sehen kannst. Verlasse an dieser Stelle dein Laufband und gehe dem Wasserturm entgegen zwischen den Häusern hindurch zum eigentlichen Quartiertreffpunkt dieses Stadtkreises – dem Turbinenplatz. Auf dem Weg dorthin siehst du links vor dem

AHA!

Wie Pilze schiessen sie ...

In diesem Teil des Quartiers schiessen neue Bürokomplexe wie Pilze aus dem Boden. Hier nisten sich viele neue kreative Betriebe, Treffpunkte, Galerien und namhafte Firmen ein. Dazu gehört auch eBay. Apropos eBay: Dort werden oftmals auch Kuriositäten versteigert, so zum Beispiel eine Reise zum Mars im Jahr 2050, ein Barthaar vom Weihnachtsmann, ein mit einem Fluch belegtes Bett oder eine Stimme aus dem Jenseits.

Tipp

HOTEL 25HOURS

Ein erfrischendes Hotel für einen dynamischen Stadtteil: Dieses Hotel mit seinem modernen Design ist ein Gesamtkonzept mit viel Liebe zum Detail. An jeder Ecke gibt es etwas zu Bestaunen oder zu Kommentieren. Ein Hotel, das mehr ist als nur ein Ort zum Schlafen. Dieses Hotel schenkt dir täglich eine zusätzliche «Wohlfühlstunde».

AHA!

Altes Fabrikgebäude in neuem Gewand

Der Puls 5 ist ein Beweis dafür, wie stilvoll und originell Alt und Neu verbunden werden können. Dass es sich dabei um ein ehemaliges Fabrikgebäude handelt, lässt sich heute von aussen kaum mehr erkennen. Doch von innen bemerkst du schnell, dass dies einst eine Giessereihalle war. Geschickt wurden die alten Überreste der Fabrik ins Konzept einbezogen und mit modernen, funktionalen Anbauten ergänzt.

Puls 5 ein riesiges Turbinenrad, das auf einem hohen Sockel steht. Auf diesem grossen, eher nüchtern und leer wirkenden Platz steht das markanteste Gebäude das Puls 5. Es geht nun direkt durch dieses Gebäude, trete ein und durchquere die grosse, imposante Halle. Wieder im Freien angelangt, überquerst du die stark befahrene Hardturmstrasse. Gleich an der Ecke siehst du die Café-Bar Sphères. Gehe rechts am Sphères vorbei direkt zur Limmat und überquere diese via Ampèresteg. Diese Fussgängerbrücke, die den Fluss elegant überspannt, ist – ebenso wie die internationale Einheit der Stromstärke Ampere – nach dem französischen Physiker und Mathematiker André-Marie Ampère benannt.

Tipp

BAR UND CAFÉ SPHÈRES

Urbane Oase: Der coole Mix aus Café, Bar, Buchhandlung und integriertem Kulturbetrieb mit Bühne ist gelungen. Trete ein – das Sphères ist auf jeden Fall einen Besuch wert. Die lockere Atmosphäre, viele feine Kuchen und die Unmengen von Büchern zum Schmökern werden dich begeistern.

Achte beim Überqueren der Brücke auf die sich immer ändernden Ausblicke, die sich dir bieten, wenn du durch das rote Lochblech guckst.

AHA!

Ein wehrhafter Turm

Von Weitem siehst du das namensgebende Bauwerk dieses Quartiers, den Hardturm: ein alter Wehrhaus-Turm aus dem 13. Jahrhundert, der das einzige noch bestehende nicht kirchliche Gebäude in Zürich aus dem Hochmittelalter ist. Mit seinen an manchen Stellen über drei Meter dicken Mauern war der Hardturm ein Teil des äusseren Wehrgrabens und die Verteidigungsanlage der Stadt. Interessant ist die Tatsache, dass gerade im jüngsten Quartier Zürichs der älteste Turm steht – so sind nun einmal die Gegensätze in Zürich.

Am anderen Ende der Brücke befindet sich zu deiner Rechten der Wipkingerpark mit seiner einladenden treppenartigen Uferanlage zum Sonnen, Geniessen und Innehalten. Hier kannst du «sünnele, gnüsse oder eifach em flüssende Wasser zueluege». Die Kinder können sich auf dem grossen Robinsonspielplatz und einem Kinderbauernhof austoben, richtige Bauernluft schnuppern, Mistgabeln schwingen und Tiere füttern. Die Wanderung führt dich links der Limmat entlang, immer in Flussrichtung bis zur nächsten Brücke, wo wir erneut ans andere Ufer wechseln.

S'Meitli: ***«Parks sind cool, und dieser hier ganz besonders. Baden, Sommerabende geniessen und stundenlang mit Freunden abhängen, und das Ganze ohne Mama. Das ist voll fett!»***

WIPKINGERPARK ··· TÜFFENWIES

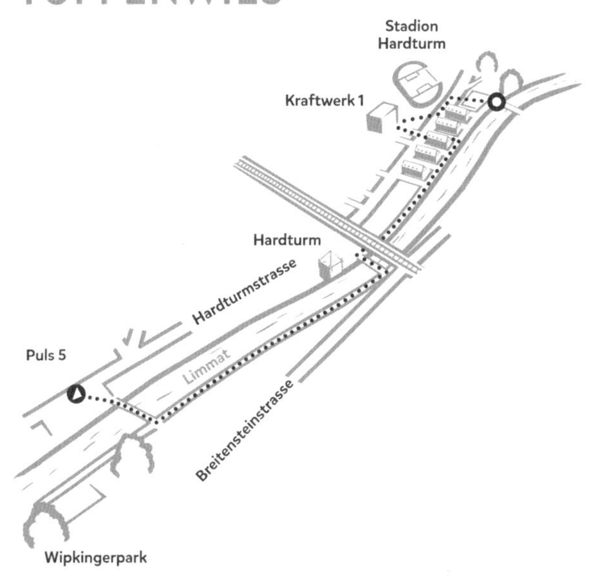

Weiter geht's rechts auf herrlichen Naturwegen der Limmat entlang. Dieser Abschnitt, mitten in der Stadt, aber dennoch weg vom Trubel, ist ein Paradies für Wanderer, Spaziergänger, Jogger und Radler. Ein Naherholungsgebiet der Extraklasse. Aber einmal mehr kombiniert die Etappe auch hier Stadt und Natur auf spannende Weise. Die Uferzonen der Limmat bieten viel Platz zum Wohnen und Leben. Limmatwest, Bernoulli und Kraftwerk 1 sind lebendige und aktuelle Beispiele für eine neue

kraftwerk1

Form des Wohnens und bieten alle Facetten eines städtischen Lebensstils. Zuerst kommst du an den gegenüberliegenden Häusern von Limmatwest vorbei. Die aussergewöhnliche Architektur springt ins Auge, sie wirkt wie ein Tatzelwurm für verdichtetes und naturnahes Wohnen. Ein wenig weiter flussabwärts folgen die Bernoulli Häuser. Diese Reihenhaussiedlung vom Städtebauer Hans Bernoulli besteht aus typischen, nostalgisch anmutenden Vorstadthäusern mit grosszügigen, herausgeputzten Gärten. Alles ist sauber und gepflegt.

Das Landei: ***«Erst das Wissen, dass es sich bei dieser Überbauung um ein genossenschaftliches Projekt handelt, lässt einen genauer hinschauen. Man erkennt die Idee dahinter, dass die Bewohner eine grosse ‹Familie› bilden und gemeinsam für das Wohl der ganzen Siedlung sorgen.»***

Um zum Kraftwerk 1 zu gelangen, machst du einen kleinen Abstecher und verlässt den Limmatweg über den kleinen Fussweg, der dich etwa in der Mitte der Bernoulli Siedlung durch die Wohnhäuser zur Hardturmstrasse führt.

Tipp

BRASSERIE BERNOULLI

Die Brasserie Bernoulli bietet für alle etwas. Hungrige Gourmets sind ebenso willkommen wie Bio-Fans, die Wert auf gesunde Küche legen – die Küchenchefin Claudia Altdorfer hat einiges zu bieten. Sie zaubert sensationelle, kreative vegetarische Gerichte; die saisonalen Vorspeisen sind köstlich und zusammen mit den Hauptgerichten ein vollendeter Genuss. Freundlich, zuvorkommend und stets um ihre Gäste bemüht, bietet die Brasserie den Gästen ein kleines Paradies.

Das Kraftwerk 1 ist eine einmalige Siedlung zum Wohnen, Leben und Arbeiten. Eine Siedlung, die Urbanität mit Dorfgeist vereint – offen gegen aussen und mit starkem Zusammenhalt gegen innen. Der Name Kraftwerk unterstreicht dessen industrielle Vergangenheit. Nach dem Kraftwerk gehst du weiter stadtauswärts und nimmst kurz vor der Hardturm-Tramhaltestelle nach dem mit einer Holzfassade eingekleideten Gebäude den schmalen Weg, der dich zurück zum Fischerweg an die Limmat führt. Hier stand vor nicht

Der Grossschnurri: ***«Wer meint, Zürich habe nur überteuerte Wohnungen zu bieten, irrt. Hier sind die Wohnungen bezahl- und erreichbar. Genossenschafter können alle werden, und wer eine Wohnung hat, geniesst lebenslanges Wohnrecht. Kein Zweifel, schon bald werden weitere Kraftwerke entstehen. That's Zurich!»***

allzu langer Zeit das legendäre Hardturmstadion, Austragungsort der Fussball-WM von 1954. Nach etwa einem Kilometer weiter flussabwärts erscheint vor dir die mächtige Europabrücke. Unter der Brücke gehst du links zur Tramhaltestelle Tüffenwies. Du bist am Ziel dieser Etappe angelangt. Sie hat dir gezeigt, was im wilden Westen der Stadt Zürich so alles abgeht. Auf dem nächsten «Etappen-Menü» steht die Werdinsel. Sollte dich schon jetzt ein Sprung ins kalte Nass jucken ... dann nichts wie los! Die malerischen Inseln sind ganz nah.

DEINE GEDANKEN ZUR ETAPPE 5:

Der Stadtkreis 5 ist in Bewegung. Wie hat dies auf dich gewirkt?
Was willst du verändern – wohin willst du «aufbrechen»?

Etappe 6

In Zürich spriesst, blüht und wuchert es fast an jeder Ecke. Ob **Bäche, Parks** oder lauschige Waldwege – **die Stadt** bietet dir eine überraschend **vielfältige Natur.** Auf dieser Etappe erlebst du **hautnah,** wie wichtig diese zahlreichen Grünräume für die **Lebensqualität** der Zürcher sind.

START

Tramhaltestelle Tüffenwies,
erreichbar mit der Tramlinie 17

ZIEL

Tramhaltestelle Milchbuck

DISTANZ

8 Kilometer

GUT ZU WISSEN

Bei schönem Wetter empfehlenswert
Ein paar starke Steigungen am Hönggerberg
Bratwurst zum Grillen beim Waidweiher mitnehmen

HÖHEPUNKTE

Werdinsel – die nackte Natur

Rebberg «Chilesteig» – göttlicher Wein

Findlingssammlung – zurück in die Steinzeit

Science City – die Stadt der Studierenden

Waidweiher – Grillen und grillen

Wald am Waidberg – Eldorado für Sportbegeisterte

Schwimmbad Allenmoos – Zürichs grösstes Freibad

Etappe 6

•••

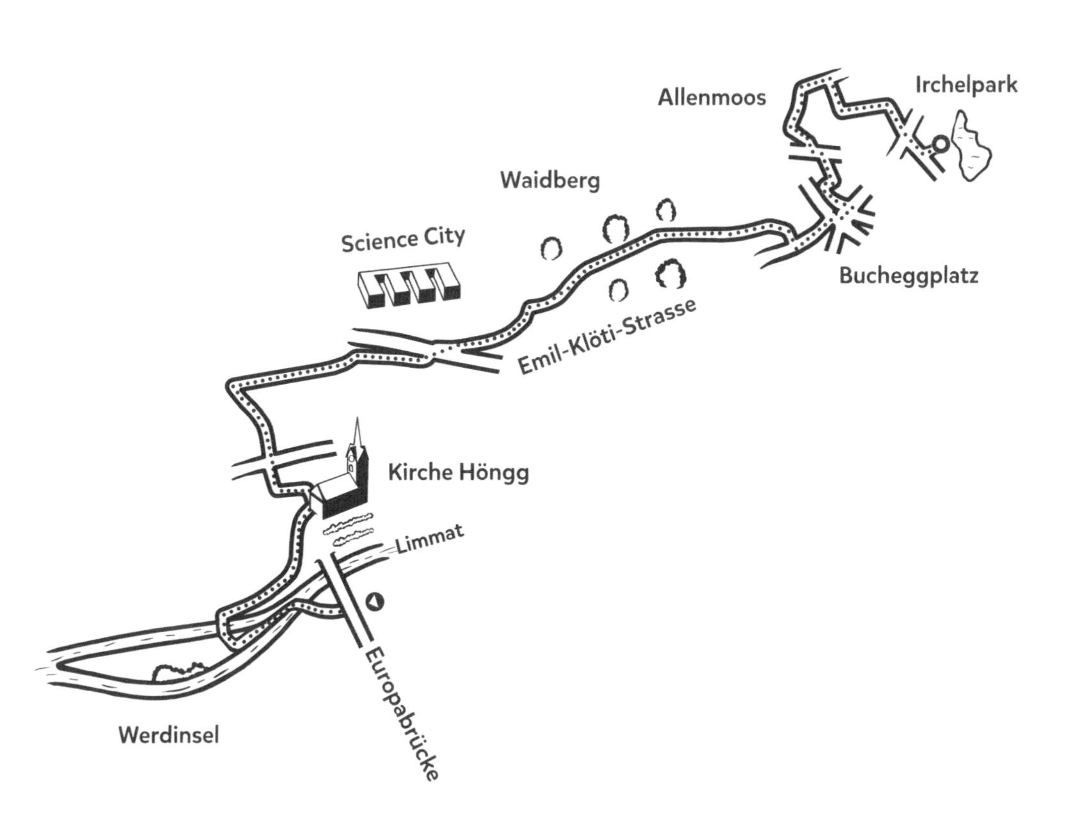
Allenmoos
Irchelpark
Waidberg
Science City
Bucheggplatz
Emil-Klöti-Strasse
Kirche Höngg
Limmat
Werdinsel
Europabrücke

DIE GRÜNE SCHLAUFE

•••

Die zweite Hälfte deiner Wanderung führt dich auf vielen Wanderwegen von der Limmat dem Hönggerberg entlang über den Waidberg bis zum Milchbuck. Weg von der Stadthektik geht es hinaus in wandervolle Naturlandschaften – du kommst vorbei an Rebbergen, Weiden und Weihern.

Zuerst wanderst du durch das Quartier Höngg – erst 1932 eine Gemeinde von Zürich und heute das zweitgrösste Quartier der Stadt –, das früher Honico oder auch Villa Hoenka genannt wurde. Danach geht es weiter quer durch den Waidbergwald, über den Bucheggplatz, vorbei am grössten Schwimmbad von Zürich, dem Allenmoos, bis zum Etappenziel Milchbuck.

LOS GEHT'S…

HÖNGGER WEHR ••• KIRCHE HÖNGG

Zürich, die grünste Stadt der Welt? Brauchst du noch Beweise? Na dann los, diese Etappe ist ein starkes Argument. Von der Tramstation Tüffenwies gehst du unter der Brücke hindurch zur Limmat. Orientiere dich am Wegweiser ewz-Kraftwerk Höngg. An der Limmat angekommen gehst du links dem Fischerweg entlang. Schon bald erreichst du das Höngger Wehr, das die Flusshöhe und den Durchfluss der Limmat regelt. Schon von Weitem siehst du das künstlerische Windrad Limmatsprützer. Das Windradgetriebe pumpt Wasser aus der Limmat hoch, sodass es in weitem Bogen wieder zurück in den Fluss spritzt. Beim Höngger Wehr gibt es zudem eine Fischtreppe, damit die Tiere das Gefälle der Limmat überwinden können; in der Limmat tummeln sich erstaunlich

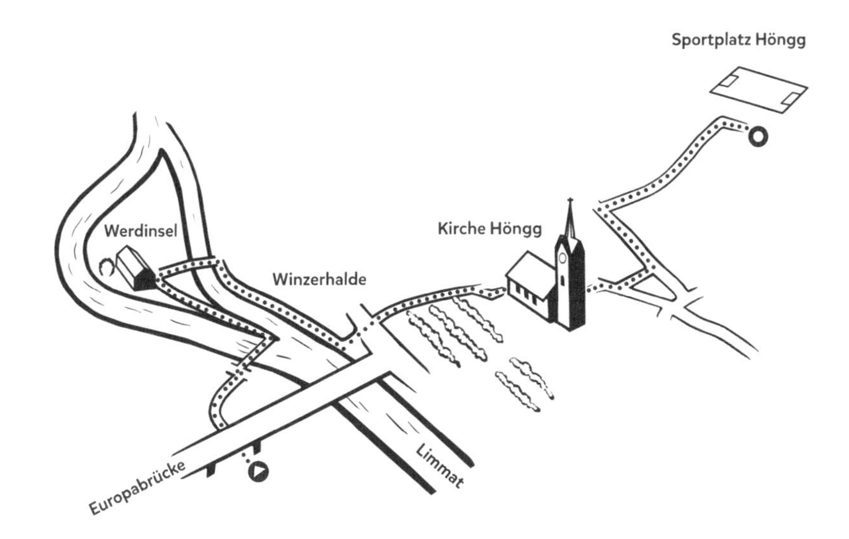

AHA!
Nackte Natur

Früher Autofriedhof, heute beliebter Badeort: Auf dem unteren Teil der Insel sah man schon vor über 30 Jahren die ersten nackten Zürcher Hintern. Damals war das noch eine Sensation und schockte viele Leute, zumal es seinerzeit verboten war, sich «füdliblutt» in der Öffentlichkeit zu sonnen. Heute ist der untere Uferstreifen ein offizieller FKK-Strand.

viele Fischarten wie Barben, Trüschen, Schwalen, Forellen oder Hechte. Beim historischen Kraftwerk lohnt es sich, einen Blick auf die Infotafeln zu werfen. Sie zeigen, wie die Stromproduktion eines Wasserkraftwerks funktioniert. Beim Wehr beginnt die Werdinsel – ein schönes Naherholungsgebiet. Die Insel teilt die Limmat in zwei Flussläufe, die nach der Insel wieder zusammenfliessen.

Der Nörgeler: ***«Das ‹Inseli› wirkt auf mich wie eine regulierte Naturidylle mit einem Wald von Gebots- und Verbotsschildern. Das Schild: ‹Auf der Werdinsel gibt es keinen öffentlichen Verkehr› ist originell und stimmt auch, denn hier fährt ja weder Bus noch Tram. Ich frage mich allerdings, ob das wirklich so gemeint ist…»***

Das Landei: ***«Die vielen nackten ‹Zürcher Tatsachen›, die hier herumlaufen, sind schon ein wenig gewöhnungsbedürftig. Aber was soll's – spielen wir mal nicht das prüde Landei. Sich hier im Flussarm treiben zu lassen, ist bei starker Strömung besonders spassig.»***

Tipp

RESTAURANT WERDINSEL

Das Restaurant Werdinsel ist stimmig in die Landschaft eingebettet und bietet feine Gerichte aus biologischem Anbau. Das Essen ist ein Erlebnis und die Atmosphäre ist entspannt: der ideale Ort, um dich für eine Tagesetappe zu stärken.

Verlasse die Werdinsel indem du unweit des Restaurants über die Brücke gehst, die über den kleinen Nebenfluss führt. Auf der anderen Seite der Brücke – bei der Winzerhalde – gehst du rechts ein wenig den Kloster-Fahr-Weg zurück Richtung Höngger Wehr. Beim Wehr steigt der Weg an und führt nach links. Ab hier folgst du dem Wanderwegzeichen Richtung Höngg. Nachdem du die Winzerstrasse überquert hast, beginnt die erste sportliche Herausforderung des Tages. Es geht steil bergauf bis zur Kirche Höngg. Dort, wo die Vorhaldenstrasse links abzweigt, gehst du rechts auf einem schmalen Naturweg durch ein Gebüsch zum Rebberg hinaus.

AHA!

Göttlicher Wein

Am sonnenverwöhnten Hönggerberg, dem Rebberg «Chilesteig», hat der Weinbau seit den Römern Tradition. 1869 war Höngg die drittgrösste Rebgemeinde des Kantons Zürichs. Mit der Zeit nahm der Bestand jedoch kontinuierlich ab, bis 1942 auch die letzten Reben unterhalb der Kirche Höngg gerodet wurden, um Schrebergärten Platz zu machen. Durch die Initiative von Heinrich Zweifel wurden 1969 wieder neue Reben unterhalb der Kirche angepflanzt.

Am Rande des Rebbergs «Chilesteig» wanderst du zur Kirche hoch. Mit jedem Höhenmeter hast du einen schöneren Blick über die Stadt und das Limmattal.

Die Kirche Höngg liegt wunderbar über der Limmat auf einer Moräne. Wenn du mit dem Auto über die A1 oder mit der Bahn nach Zürich fährst, ist sie schon von weit her zu sehen. Die Moräne ist für viele Zürcher das Symbol dafür, wieder zu Hause zu sein.

Der Grossschnurri: ***«Wir in Zürich haben unseren eigenen Spitzenwein – nur schade, können wir nicht so viel davon produzieren, dass die ganze Welt ihn geniessen kann.»***

Dein nächstes Ziel ist die Kirche und der Friedhof Höngg. Dazu gehst du oberhalb des Rebbergs, wo die weisse Stützmauer beginnt und das Gebüsch endet, links der Mauer entlang auf dem Naturweg ins Wettingertobel hinein. Du gehst um den Eckeingang des Kirchenareals herum und steigst nach rund 15 Metern durch den Friedhofeingang durch die Gartenanlage zur Kirche hoch. Der älteste Teil des Friedhofs besteht seit dem

15. Jahrhundert, der Vorgängerbau der heutigen Kirche entstand sogar bereits um 870 n. Chr. Auf der Rückseite der Kirche befinden sich das älteste Haus von Höngg aus dem Jahre 1473 und das Pfarrhaus, das unter Denkmalschutz steht. Einst wohnte hier der Vater des bekannten Schweizer Pädagogen Johann Heinrich Pestalozzi. Du befindest dich nun im Zentrum von Höngg.

KIRCHE HÖNGG ••• FINDLINGSSAMMLUNG

Vom Vorplatz des Pfarrhauses gehst du zur stärker befahrenen Limmattalstrasse und überquerst diese beim Dorfbrunnen. Auf der anderen Strassenseite wanderst du die enge Schärrer-Gasse zwischen Wohnblöcken hoch, sie führt dich auf die verkehrsreiche Regensdorferstrasse. Wechsle auf die gegenüberliegende Strassenseite und gehe die leicht ansteigende Strasse nach links hoch. Kurz vor der Bushaltestelle Winzerhalde nimmst du rechts den Fussweg der Holbrigstrasse. Nun gehst du dem

Wanderweg entlang das Tobel hoch. Rasch gewinnst du an Höhe. An warmen Tagen sind die schattenspendenden Bäume eine Wohltat. Oben angekommen befindest du dich bei den Sportanlagen des Höngger Turnvereins. Diese grosszügige Anlage umfasst mehrere Fussballfelder und Einrichtungen für Leichtathletik. In Zürich haben der Breitensport und die Turnvereine einen hohen Stellenwert.

AHA!
Zeugen der Eiszeit
Im Findlingsgarten sind zehn Findlinge ausgestellt, die alle in Baugruben in Höngg gefunden wurden. Sie stammen ursprünglich aus dem Glarnerland, aus Graubünden, dem Walensee sowie dem Zürichseetal und wurden durch eiszeitliche Gletscher unter arktischen Bedingungen bis hierher «verfrachtet».

Nun hast du erst mal genügend Höhenmeter geschafft. Folge der Kappenbühlstrasse und dem Wanderwegzeichen Waidberg nach rechts. Am Ende der Sportanlage erkennst du auf der rechten Seite einige Bäume und vereinzelte Steinbrocken. Dies sind nicht irgendwelche Steine, sondern **Findlinge** aus der Eiszeit. Sie erinnern daran, dass du dich auf einer Moräne bewegst und dass das ganze Gebiet einst unter einer dicken Eisdecke lag.

Der Grossschnurri: ***«Da haben wir's: Schon zur Eiszeit wollten sich alle hier niederlassen, weil es so grossartig ist in Zürich!»***

FINDLINGSSAMMLUNG ··· WAIDBERG

Von der Steinzeit geht es zurück in die Realität, genauer gesagt zurück auf die Kappenbühlstrasse. Dieser folgst du weiter stadteinwärts. Geniesse das befreiende Gefühl, nicht komplett von Häusern umgeben zu sein. Die freie Sicht über die Stadt ist von hier aus postkartenreif.

Der Nörgeler: ***«Die Aussicht ist schon genial – man sieht aber auch, dass Zürich, obwohl es sich als kleinste Weltstadt rühmt, nicht einmal eine richtige Skyline hat. Da braucht es schon noch ein paar Prime Towers mehr.»***

In Laufrichtung siehst du eine kleine Brücke, über diese setzt du deine Wanderung fort. Auf der linken Seite taucht jetzt der imposante zweite Campus der Eidgenössischen Technischen Hochschule (ETH) auf – die Science City.

AHA!

Die Forschungsstadt in der Stadt

In den letzten Jahren hat sich Höngg dank dem ETH-Campus von einem reinen Wohnquartier zu einem Hochschulquartier entwickelt. Die Grösse des Areals ist beeindruckend – es ist fast eine kleine Stadt. Seit 2010 gibt es Studentenwohnungen auf dem Campus, sodass Forschen und Wohnen auf demselben Areal möglich ist.

Folge nun dem Wanderwegzeichen Weidberg. Ganz offiziell handelt es sich um den Waidberg, geschrieben mit a. Nachdem du die kleine Brücke überquert hast, kommst du an einem Reitplatz vorbei. Ab dem Pferdehof folgst

Das Landei: ***«Wow, ich wusste gar nicht, dass auf dem Stadtgebiet mehr als 700 Kühe leben – das sind ja mehr als bei uns!»***

du der Emil-Klöti-Strasse und wechselst bei der nächsten Gelegenheit durch die Unterführung die Strassenseite. Es wird nun richtig ländlich. Fast fühlt man sich wie im Emmental. Pferde und Kühe grasen hier und Bauernhöfe, wo du frisches Gemüse, Obst und Milch kaufen kannst, säumen deinen Weg.

Schon bald führt dich der Wanderweg zum Wald hoch. Am Waldrand gibt es eine Rastmöglichkeit – das Programm lautet: hinsetzen, verschnaufen, ausruhen und die Aussicht geniessen. Von hier hast du einen guten Ausblick auf die Science City. Da, wo das kleine abgegrenzte Wäldchen auf der rechten Wanderwegseite aufhört, findest du ein hölzernes Waidberg-Schild. Es ist dein Wegweiser, mit dessen Hilfe du in den Hönggger Wald und zum Waidberg gelangst. Am Waldrand hast du einen letzten Blick auf den Prime Tower – der Wald rundum bildet den kontrastreichen Bilderrahmen. Der Waidberg ist mit

601 Metern Höhe die Spitze des bewaldeten Hügels. Auf einer Waldlichtung findest du eine Tennisanlage und ein Grotto – fast wie im Tessin.

WAIDBERG ··· BUCHEGGPLATZ

Du hast nun den höchsten Punkt dieser Etappe erreicht. Falls du beim Abstieg vor lauter Bäumen den Wald nicht mehr siehst, folgst du den Wanderwegzeichen Richtung Bucheggplatz. Dazu gehst du zuerst rechts der Waidbachstrasse entlang. Fuchspass und Hasenrain springen dir schon bald ins Auge. Hier überquerst du die Waidbachstrasse, lässt den Fuchs links liegen und folgst den Spuren der Hasen, genauer gesagt dem Hasenrainweg. Neben vielen natürlichen Waldwegen gibt es hier einen Vitaparcours, einen Lauftreff und eine Finnenbahn. Biege an der Stelle, wo sich der Hasenrain mit dem Steigholzweg kreuzt, nach links ab. Bald erblickst du den Waidweiher, ein Biotop mit Seerosen, die im Sommer Farbe in den Wald bringen. Es ist ein Paradies für Fische,

AHA!

Es quakt

1988 wurde der Waidweiher umgestaltet und biologisch aufgewertet. Heute ist er ein Lebensraum für Tiere und Pflanzen – vor allem für Erdkröten und Grasfrösche. Im Frühling zur Paarungszeit quakt es hier an allen Ecken. Das Teichufer wurde flacher gestaltet, damit sich in den Sumpfzonen die Erdkröten und Grasfrösche ideal fortpflanzen können.

Frösche, Grillen und zum Grillen. Hast du eine Wurst dabei? Dann wäre dies der ideale Ort, um sie zu verspeisen.

S'Meitli: ***«Natur pur! Die Frösche sind niedlich – aber die Kröten: igitt.»***

Nach dem Weiher gehst du weiter Richtung Bucheggplatz. Du kommst bald an zwei grossen, offenen Waldflächen und wenig später an einem riesigen Naturspielpatz vorbei. Der Dachs und das Reh helfen dir dabei, den richtigen Weg zu finden – genauer gesagt folgst du zuerst der Dachsschleife und dann dem Rehsprung.

Folge dem Rehsprungweg weiter dem Hügel hinunter bis an den Waldrand. Dort, bei der Waldrandspitze, beginnt die Obere Waidstrasse. Folge dieser stadteinwärts hinunter zum Bucheggplatz, bis du auf der rechten Seite einen kleinen Fussgängersteg erblickst. Nimm diesen bis zur Mitte des Bucheggplatzes.

BUCHEGGPLATZ ··· MILCHBUCK

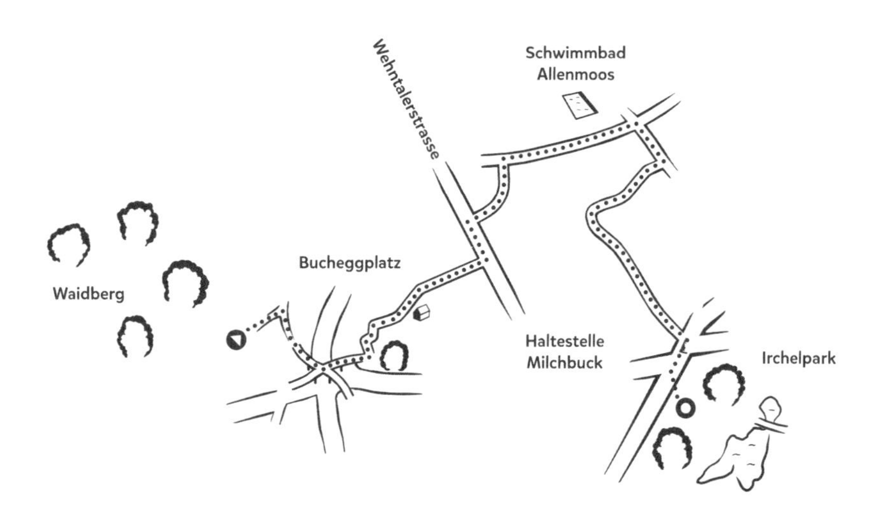

Hier führen Fussgängerstege von allen Seiten her in die Mitte des Bucheggplatzes. Das wirkt wie ein einziger verknüpfter Fussgänger-Verkehrsknotenpunkt. Wähle in der Mitte den linken der beiden vor dir beginnenden Abgänge Richtung Gemeinschaftszentrum und gehe dann nach links. Vorbei geht es an einem kleinen Tierpark mit Lamas, Pferden und Geissen. Wandere um den Tierpark der Sportwiese entlang durch das Quartier mit den speziellen, farbigen Glashäusern. Dazwischen gibt es viel

Grün, wie es sich für diese grüne Etappe gehört, aber auch viel Platz zum Sein und Spielen – eine lange Kinderschaukelreihe mit mehreren «Ritiplampi» laden zum Schaukeln ein. Folge dem Naturweg Richtung Allenmoosbad; er führt unter einer betonierten Quartierbrücke hindurch und endet an der Wehntalerstrasse. Gehe diese ein Stück weit nach links und folge dann gleich rechts der Grabenwies-Strasse Richtung Veloweg Oerlikon und Seebach. Bei der Allenmoosstrasse gehst du nach rechts und wanderst weiter der Allenmoosstrasse entlang – links das hinter einer Hecke versteckte **Schwimmbad Allenmoos**, rechts Schrebergärten –, bis sie auf die Ringstrasse trifft.

AHA!

S'Möösli – grösstes Freibad von Zürich

Das Möösli, wie das Bad Allenmoos auch genannt wird, ist Zürichs erstes Beckenbad und wurde 1939 eröffnet. Obwohl alle Besucher vom Möösli schwärmten, galt es viele Jahre als Geheimtipp. Kaum ein Zürcher kannte das Bad und wegen der geringen Besucherzahlen kursierte Anfang der 1990er Jahre das Gerücht, das Bad werde geschlossen. Kurz vor der Jahrtausendwende wurde das Möösli dann aber für 14,5 Millionen Franken umfassend saniert und ist seither eine bekannte und beliebte Badi.

Dort folgst du wenige Meter der Ringstrasse nach rechts und biegst gleich wieder rechts in die Schürbungert ab. Ein ruhiges, braves und friedliches Quartier. Beim Schulhaus Allenmoos kannst du links in den Steinkluppenweg abbiegen. Vorbei am Talentschuppen des FC Unterstrass führt er dich zum Etappenziel, der ÖV-Haltestelle Milchbuck. Bei der Schaffhauserstrasse gehst du durch die Unterführung – und schon bist du am Ziel.

DEINE GEDANKEN ZUR ETAPPE 6:

Ist Zürich eine grüne Stadt? Wie oft begegnest du in deinem Alltag der Natur und nimmst diese wahr?

Etappe 7

Zürich ist weltweit
unter allen Städten die
Nummer eins in Sachen
Lebensqualität. Auf
dieser Etappe erfährst du
mit jedem Schritt, warum
das so ist. Du gehst durch
charmante Quartiere,
wo gute Nachbarschaft
noch grossgeschrieben
wird. Und wo dir glückli-
che Menschen einfach
so ein Lächeln schenken.

DIE WANDERVOLLE ROUTE

START

Tramhaltestelle Milchbuck,
erreichbar mit der Tramlinie 14

ZIEL

Tramhaltestelle Haldenbach

DISTANZ

5,5 Kilometer

GUT ZU WISSEN

Die Etappe führt teilweise durch
den Wald – gute Schuhe empfehlen sich

HÖHEPUNKTE

Irchelpark – Zürichs kleiner Central Park

Universität Irchel – die Geniefabrik

Monte Diggelmann – der Hügel der Beharrlichkeit

Resiweiher – das reservierte Wasser

Rigiblick – freie Sicht auf die Königin

Wohnsiedlung Riedtli – Heimat für urbane Familienbanden

Kirchen Oberstrass und Unterstrass – Zufluchtsorte mit Aussicht

Etappe 7

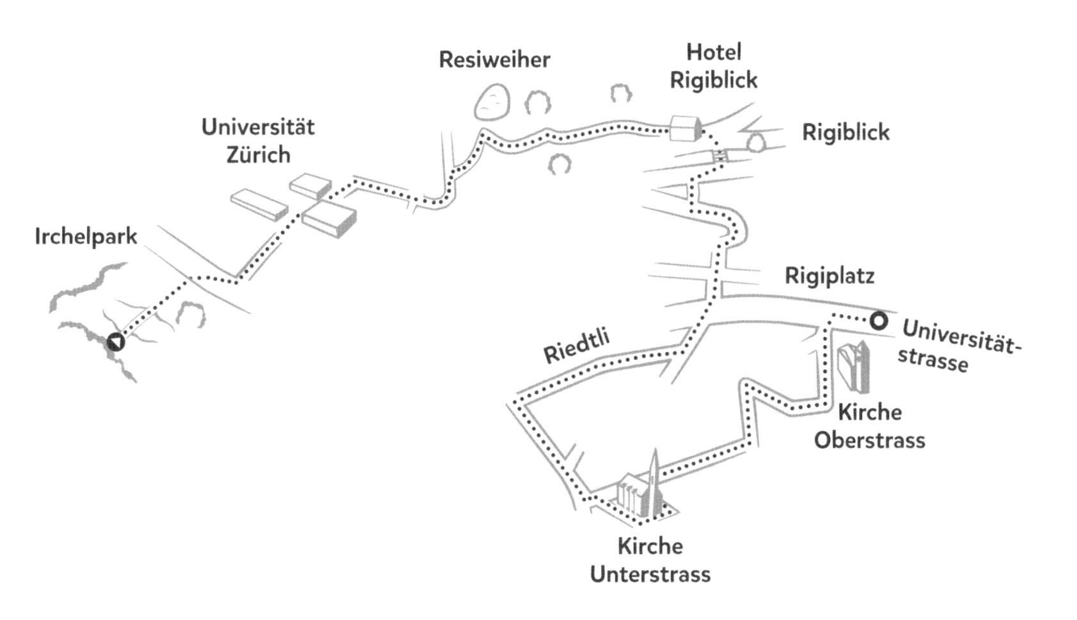
Resiweiher
Hotel Rigiblick
Universität Zürich
Rigiblick
Irchelpark
Rigiplatz
Riedtli
Universitätstrasse
Kirche Oberstrass
Kirche Unterstrass

WO DIE GLÜCKLICHSTEN ZÜRCHER WOHNEN

•••

Die siebte Etappe führt dich vom Milchbuck durch den Kreis 6 und die Quartiere Unterstrass und Oberstrass bis zum Etappenziel an der Universitätstrasse. Du wanderst durch den Campus der Aussenstelle der Zürcher Universität. Es erwarten dich eine der grössten Parkanlagen der Stadt mit viel Wald und Weihern sowie zahlreiche Aussichtspunkte entlang der Etappe.

Stadtluft schnupperst du in interessanten Quartieren mit vielen historischen und denkmalgeschützten Gebäuden aus verschiedensten Epochen. Und mittendrin entdeckst du plötzlich ländlichen Charme im Quartier Oberstrass. Dessen Bewohner bezeichneten sich in einer Umfrage als die glücklichsten der ganzen Stadt.

40 38

LOS GEHT'S...

MILCHBUCK ··· MONTE DIGGELMANN

Möchtest du wissen, wo in Zürich die Jung-Genies ihre Tage verbringen oder wo die glücklichsten Menschen wohnen? Dann los, die siebte Etappe zeigt dir genau das. Als Stadtwanderer erreichst du den Ausgangspunkt Milchbuck am einfachsten und ohne Stau mit dem öffentlichen Verkehr.

AHA!

Den täglichen Stau gib uns heute

Wer in Zürich regelmässig die Verkehrsmeldungen hört, der hat immer wieder einen Begriff im Ohr: den Milchbuck. Über 50'000 Autos fahren – oder kriechen – täglich durch diesen 1800 Meter langen Tunnel, der von der Autobahn ins Stadtzentrum führt. Wer gern im Stau steht, ist hier richtig – und das fast jeden Tag.

Von der Tramhaltestelle Milchbuck aus siehst du gegenüber den Tramgeleisen eine langgezogene Böschung, durch die ein Weg hochführt. Folgst du diesem, gelangst du nach wenigen Schritten in den Irchelpark. Auf einen Schlag scheinen der Lärm und die Hektik weit weg. Fast könnte man die Studenten beneiden, die diesen Weg jeden Tag nehmen dürfen. Beim Durchwandern der Parkanlage siehst du schon von

AHA!

Irchelpark: der kleine Central Park von Zürich

Der 32 Hektar grosse, hügelige und grüne, mit kleinen Flüsschen und Seen gestaltete Irchelpark wirkt beinahe unberührt. Was in New York der Central Park ist, ist in Zürich der Irchelpark als eine der grössten Schweizer Parkanlagen. An sonnigen Tagen verlagert sich die Rushhour in den Park, die vielen Grill- und Spielplätze werden dann gerne von Familienbanden belagert.

Weitem die erhöht gelegenen Campus-Gebäude der naturwissenschaftlichen Fakultät der Universität Zürich. Der breite, terrassenartige Treppenaufgang bringt dich zum Campus hoch. Als Orientierung dienen dir die drei augenfälligen Sonnennadeln des Schweizer Künstlers Albert Cinelli. Lasse dich hier oben vom Geist der «Geniefabrik» inspirieren. Es gibt einiges zu entdecken. Zum Beispiel das Staatsarchiv des Kantons Zürich oder das Museum für Anthropologie, das dir viel Wissenswertes über das Wesen der Menschen vermittelt.

Das Landei: ***«Ah! Dieser Park ist ein echtes Bijou. Er fasziniert mich mit seiner natürlichen Schönheit und gleichzeitig mit seiner Perfektion und Sauberkeit. Kuhfladen, wie bei uns auf dem Land, findet man hier keine.»***

AHA!
Das geistige Eigentum von Zürich
Im Staatsarchiv lagert alles, was jemals in und über Zürich geschrieben und publiziert wurde. Heute sind es schon über 20'000 Bücher und 15'000 Broschüren, die zum Teil bis ins Jahr 853 n. Chr. zurückreichen, so beispielsweise die Gründungsurkunde des Fraumünsters. Jährlich kommen über 800 Laufmeter neue Bücher dazu.

Die Route führt dich am Staatsarchiv vorbei Richtung Museum, wo dich rechts an einer Wand ein «windiges Kunstwerk» erwartet. Dieses Kunstwerk von Wolfgang Häckel mit dem Titel Sturm sieht aus, als würde ein riesiges Bücherregal weggeblasen.

Nach den «verblasenen Büchern» siehst du rechts in einer Senke einen kleinen Teich. Auf der anderen Seite des Teichs kannst du den asphaltierten Weg hochwandern. Nach etwa 100 Metern überquerst du die etwas grössere, vor dir liegende Strasse und folgst dem gegenüberliegenden, mit Kies trassierten Wanderweg. Er führt dich zum Hügel Monte Diggelmann hinauf. Von dort ist die Aussicht über die Stadt und das Limmattal bis zum Flughafen Zürich einfach prächtig. Im Sommer blühen Blumen auf der Magerwiese, im Herbst fliegen hier Drachen und im Winter schlitteln die Kinder die verschneiten Wiesen herunter.

AHA!
Beharrlichkeit zahlt sich aus
Der Monte Diggelmann wurde in den 1970er Jahren mit dem Aushubmaterial der neuen Uni Irchel aufgeschüttet. Der Name des Aussichtspunkts geht auf den ehemaligen Präsidenten des Quartiervereins Walter Diggelmann zurück. Er kämpfte vehement gegen das Projekt der Uni-Erweiterung auf dem Strickhofareal. Die Volksabstimmung verlor er zwar, aber dank ihm bleiben diese 15 Hektaren als frei zugängliche Grünfläche trotzdem erhalten.

MONTE DIGGELMANN ••• RIGIBLICK

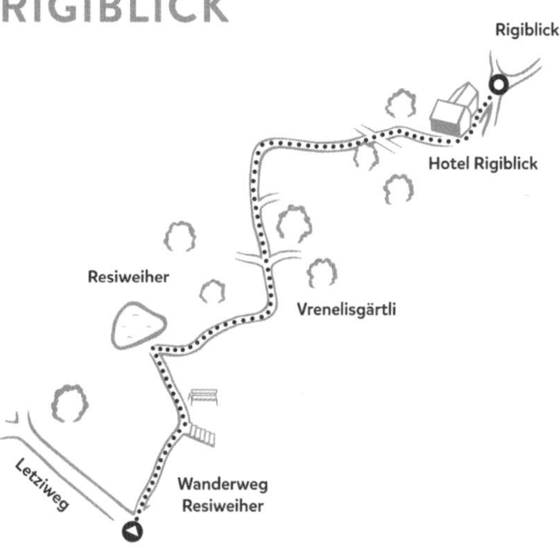

Vom Monte Diggelmann aus gehst du Richtung Wald zum Letziweg hinunter. Von da aus folgst du alles dem Wanderweg Richtung Resiweiher. Dieser befindet sich nach der Holzbank ein wenig linker Hand in der Waldlichtung. Zur richtigen Jahres- und Tageszeit erklingt aus dem Weiher ein Froschkonzert.

AHA!

Vom Wasserreservoir zur Waldidylle

Dieser idyllische Weiher wurde im Jahre 1882 durch einen künstlich aufgeschütteten Damm aus Erde und Lehm aufgestaut. Früher diente er dem Antrieb der Wasserturbinen des Pumpwerks Letten an der Limmat, einem der ersten Pumpspeicherwerke der Schweiz. Daher kommt auch der Name des Weihers: aus reserviertem Wasser und Reservoirweiher wurde schliesslich Resiweiher.

Weiter geht es rechts dem Wanderweg entlang, bis du am Waldrand einen gemütlichen Grillplatz, das Vrenelisgärtli, findest. Im Sommer bietet sich dir unter den schattenspendenden Buchen ein angenehm kühler Rückzugsort.

Wandere von hier aus dem Waldweg entlang weiter geradeaus, bis du nach etwa 20 Metern einen kleinen Weg schräg links in den Wald hoch nehmen kannst. Folge diesem Weg, bis du zwei alte Eckpfeiler eines ehemaligen Zauntors siehst. Diese sind dein «VIP-Eingang» zum Rigiblick.

RIGIBLICK ··· RIGIPLATZ

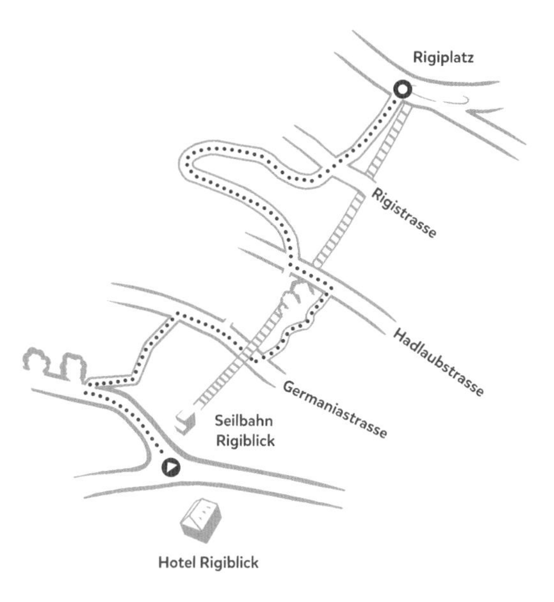

Der Rigiblick wird seinem Namen gerecht, denn von hier aus siehst du bei gutem Wetter die Rigi – die «Königin der Berge» – «einfach rüdig schön», würde hierzu ein Luzerner sagen.

AHA!
Dantons Tod
Namensgeber dieses Hügels ist die Germania – eine Verbindung deutscher Studenten an den Zürcher Hochschulen, die jeweils auf diesem exponierten Hügel ihr jährliches Stiftungsfest feiert. Auf ihre Initiative hin wurden hier die Gebeine des Schriftstellers Georg Büchner begraben. Berühmt wurde Büchner mit dem Werk Dantons Tod und dem Zitat: «Friede den Hütten, Krieg den Palästen.»

AHA!
Sture Beamte
Die Konzession für die Automatisation der Rigiblickbahn wurde hart erkämpft. Professor Brändli, damals zuständig für die Automatisierung, kann davon ein Lied singen. Die Bundesbeamten hatten zahlreiche Sicherheitsbedenken wegen möglicher Unglücke «mit Ästen oder Personen auf dem Geleise». So brauchte es viel Geduld, Anpassungen und Kompromisse, bis die Behörden grünes Licht gaben.

Überquere den grosszügigen Platz vor dem Restaurant und spaziere weiter Richtung See und Alpen. Am Ende des Restaurant-Vorplatzes siehst du auf der gegenüberliegenden Strassenseite den kleinen Germaniahügel mit Sitzbänken zum Ausruhen. Schon bald kommst du an der Bergstation der Standseilbahn Rigiblick vorbei. Die Anlage funktioniert vollautomatisch, ihre auffallenden blau-weissen Kabinen überwinden die 94 Höhenmeter in gerade mal zwei Minuten und zwei Sekunden. Vor über hundert Jahren hiess sie noch Seilbahn Rigiviertel. Sie war die erste vollautomatische, konzessionierte Seilbahn mit Zwischenstationen in der Schweiz. Heute befördert sie pro Jahr über 600'000 Fahrgäste.

Wenn dich deine Füsse noch tragen, nimmst du nicht die Bahn, sondern folgst der Freudenbergstrasse. Langsam öffnet sich der Blick über den Zürichsee. Nach ungefähr 80 Metern erreichst du die Treppen des Spyrigsteigs, die dich

Richtung Stadt führen. Auf der Germaniastrasse angelangt, gehst du unter der Seilbahn Rigiblick hindurch. Von hier schlängelt sich ein kleiner Weg bis zur Hadlaubstrasse runter. Dieser kleine Fussgängerweg ist quasi die Miniaturausgabe der berühmten Lombard Street in San Francisco. Sie ist ähnlich kurvenreich wie das Original. Unten an der Hadlaubstrasse gehst du links der grosszügigen und ebenfalls kurvigen Rigistrasse entlang abwärts. Vorbei geht es an vielen alten Villen, einige davon sind wunderschöne Jugendstilbauten. Besonders sehenswert ist das Backstein-Wohnhaus an der Rigistrasse 41, neben dem schon fast eine mammutartige Tanne in den Himmel ragt. Bei diesem Eckhaus überquerst du die Strasse und gehst rechts den Geissbergweg hinunter zur Talstation der Seilbahn Rigiblick. Auch die Wege links und rechts der Routenbeschreibung sind interessant; wenn die Wegfindung zu kompliziert wird, folge der Route deiner Wahl – dein Ziel ist die Talstation der Seilbahn Rigiblick.

Unterhalb der Talstation erreichst du den belebten und verkehrsreichen Rigiplatz. Er hat einige Umbauten hinter sich, bei denen viele alte Biedermeier-Häuser dem Verkehr weichen mussten. Hier stand früher auch die Kirche Oberstrass, an der du später vorbeikommst. Von hier aus machst du eine Schlaufe von ca. 45 Minuten zu den beiden Kirchen Oberstrass und Unterstrass. Dieser Abstecher lohnt sich besonders wegen den vielen architektonisch aussergewöhnlichen Bauten. Er ist ein wandervoller Höhepunkt dieser Etappe.

RIGIPLATZ ··· KIRCHE UNTERSTRASS

Überquere die stark befahrene Universitätstrasse und folge ihr ein Stück weiter stadtauswärts, bis du links in die Riedtlistrasse abbiegen kannst. Ungefähr 60 Meter weiter unten siehst du einen kleinen Fussweg auf der rechten Strassenseite. Über diesen gelangst du in die architektonisch historische und denkmalgeschützte **Wohnsiedlung Riedtli.** Besonders stimmungsvoll ist es am Abend, wenn die Abendsonne die prächtigen, in Gelb gehaltenen Hausfassaden beleuchtet. Ein Quartier voller glücklicher Zürcher. Gehe quer durch diese einladende und sympathische Siedlung und über den Quartierplatz, überquere die Kinkelstrasse und laufe der Stotzerstrasse entlang bis ans Ende des Quartiers zu der Goetzstrasse.

AHA!

Familiensiedlung für urbane Familienbanden

Im Riedtli gleicht kein Haus dem anderen. Die insgesamt 28 Häuser sind sehr abwechslungsreich gestaltet. Nicht nur die Fassaden von diesen Häusern sind verschieden, sondern auch ihr Innenleben; hier leben Menschen, die Geschichte schreiben, Menschen, die lieben, trauern, hoffen, bangen, träumen.

Am Ende des Riedtliquartiers gehst du bei der Goetzstrasse rechts in die Scheuchzerstrasse, um das Schulhaus Riedtli herum, bis du links in die

Das Landei: ***«Die Siedlung ist ein Paradies für junge Familien. Liebevoll gestaltete Fenster, spielende Kinder, glückliche Mütter, Gartenfest-begeisterte Hausmänner, fürsorgliche Schwiegereltern. Es scheint, als lebe hier eine einzige grosse Familie – das ist das Riedtli.»***

39

Röslistrasse abzweigen kannst. Nachdem du nochmals die Riedtlistrasse überquert hast, gehst du gleich die erste Strasse links in die Turnerstrasse hinein. Hier überquerst du den Milchbucktunnel, der unter deinen Füssen liegt. Gleich beim Abbiegen siehst du schon dein nächstes Ziel, die Kirche Unterstrass. Umrunde die Kirche; wenn die Türen offen sind, kannst du in der Kirche die bunten Glasfenster bewundern.

KIRCHE UNTERSTRASS ••• KIRCHE OBERSTRASS

Weiter geht es der Turnerstrasse entlang bis zur Ottikerstrasse. Eine grosse Glyzinie im Vorgarten des Eckhauses Nr. 14 an der Kreuzung hilft dir bei der Orientierung. Es handelt sich bei diesem Haus um einen architektonischen Mix aus Renaissance und Jugendstil. Ab hier gehst du die Ottikerstrasse bergwärts und entdeckst unterschiedliche und zum Teil denkmalgeschützte Häuser. Architektonisch spannend ist besonders das

Tipp

HOTEL RIGIHOF

Bei müden Beinen und leeren Mägen bietet dir das nahegelegene Leonardo Boutique Hotel Rigihof hervorragende Übernachtungsmöglichkeiten und vorzügliche Kost. Im sympathischen Hotel mit klassisch-modernem Ambiente, klaren Linien, starken Farben und Designobjekten im Bauhausstil fühlt sich das Leben schlicht eine Spur schöner an.

Castello Rosso aus rotem Sandstein, den man bei uns selten vorfindet. Am oberen Ende der Ottikerstrasse biegst du erneut rechts in die Scheuchzerstrasse ein und gehst diese rund 150 Meter hinunter, bis du links via Sonntagssteig zur Kirche Oberstrass gelangst. Auf deinem Weg zur Kirche kommst du an einem über 500 Jahre alten Rebberg vorbei. Einst wurde

Tipp

RESTAURANT RUBINA

Das Rubina ist das Quartier-Restaurant par excellence – ein Paradies für Zürcher Stadtentdecker. Als Inspiration für den Namen diente den Gastgebern die Farbe des Hauses an der Universitätstrasse 56. Ein Lokal, an dessen langem Tisch man sich nach Feierabend trifft, um sich ein Glas Wein in idyllischem Ambiente zu gönnen oder im Sommer im Garten einen lauschigen Abend mit einem exzellenten Nachtessen zu geniessen.

hier der «Obersträssler» angebaut und gekeltert. Es gibt Bestrebungen, einen kleinen Teil dieses ehemaligen Rebbergs zu rekultivieren. Der markante römische Eckturm der Kirche erscheint dir von unten her gesehen noch mächtiger. Spaziere zwischen der Kirche und dem Schulhausareal hindurch bis zur Stapferstrasse und folge dieser rechts vorbei am Hotel Rigihof bis zur Universitätstrasse. Gehe nun die Universitätstrasse nach rechts hinunter stadteinwärts bis zum Etappenziel, der Tramstation Haldenbach.

DEINE GEDANKEN ZUR ETAPPE 7:

Hast du glückliche Zürcher angetroffen? Fühlst du dich nach dieser Etappe auch zufrieden und glücklich?

Etappe 8

Zürich schafft immer wieder den **Spagat** zwischen hektischem Stadtleben und **Erholung pur** in der Natur. Diese besondere **Mischung** macht das Leben für die Menschen in Zürich **so attraktiv.** Grau und Grün wechseln sich zwischen Wohnquartieren, Einkaufsvierteln, **Parkanlagen** und Waldstücken munter ab.

START

Tramhaltestelle Haldenbach,
erreichbar mit der Tramlinie 5

ZIEL

Tramhaltestelle Hottingerplatz

DISTANZ

6,5 Kilometer

GUT ZU WISSEN

Die Etappe führt teilweise durch
den Wald – gute Schuhe empfehlen sich

HÖHEPUNKTE

Grosse Kirche Fluntern – göttliche Aussichten

Zürichberg – architektonische Vielfalt und Natur pur

Zoo Zürich – tierisch wild und tropisch

FIFA-Hauptsitz – wo der Fussball zuhause ist

The Dolder Grand – das Märchenschloss

Etappe 8

●●●

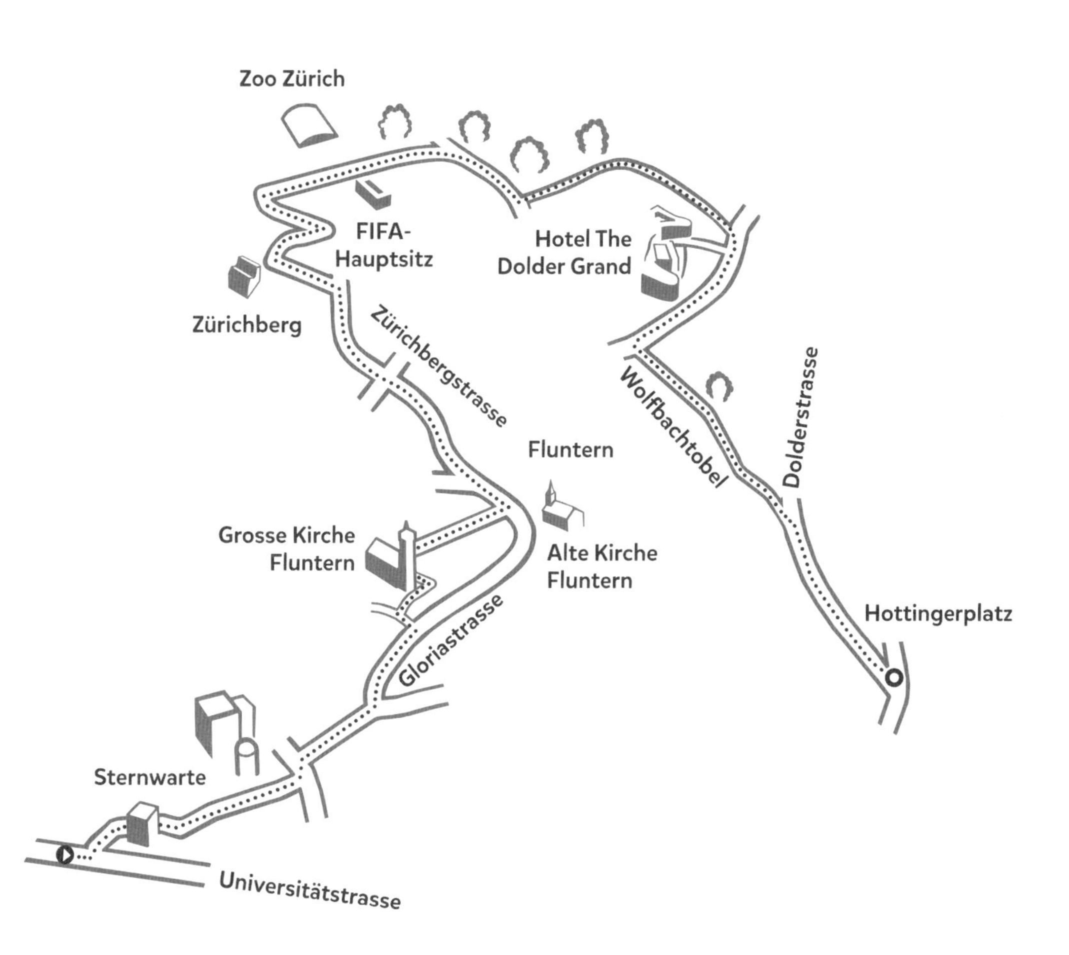
Zoo Zürich
FIFA-Hauptsitz
Hotel The Dolder Grand
Zürichberg
Zürichbergstrasse
Wolfbachtobel
Dolderstrasse
Fluntern
Grosse Kirche Fluntern
Alte Kirche Fluntern
Gloriastrasse
Hottingerplatz
Sternwarte
Universitätstrasse

ZÜRICH IST GRÜNER, ALS DU DENKST

●●●

Diese Etappe führt dich durch das vornehme Quartier Fluntern, vorbei an Kirchen und etlichen feudalen Villen, hinauf auf den nach der Stadt benannten Zürichberg. Hier zeigt sich die Stadt von einer ihrer schönsten Seiten. Hier oben befindet sich auch der bekannte Zürich Zoo und der Hauptsitz des Weltfussballverbands FIFA.

Nachdem du den Wald des Zürichbergs durchstreift und die tolle Aussicht genossen hast, gelangst du durch das Wolfbachtobel hinunter ins Quartier Hottingen.

LOS GEHT'S…

HALDENBACH ••• FLUNTERN

Interessiert es dich, wo und wie die Zürcher High Society lebt? Na dann los … Von der Tramhaltestelle Haldenbach gehst du zum Aufwärmen ein paar Meter die Universitätsstrasse hinunter. Schon nach wenigen Schritten zweigst du links in die Spöndlistrasse ab. Sie führt dich zwischen den Gebäuden der Eidgenössischen Technischen Hochschule (ETH),

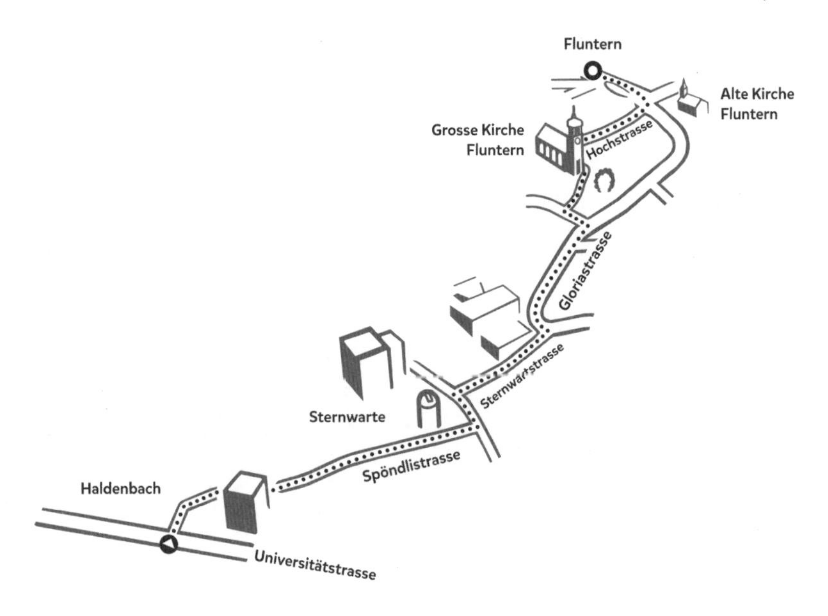

Spezialzentren des Universitätsspitals und der Kantonsapotheke hindurch. Wo die Spöndlistrasse auf die Schmelzbergstrasse trifft, gehst du letztere Strasse eine Häuserreihe hoch. Weiter führt dich deine Wanderung rechts der Sternwartstrasse entlang. Hier befindet sich die Eidgenössische Sternwarte der ETH, die 1864 eröffnet wurde. Heute ist die Sternwarte nur noch ein Baudenkmal. Sie hat ihren Betrieb wegen der immer grösser werdenden Lichtverschmutzung in der Stadt 1980 eingestellt. Das Gebäude beherbergt heute das Collegium Helveticum, ein interdisziplinäres Forschungsinstitut der ETH Zürich.

Der Grossschnurri: ***«Wir Zürcher waren auch Pioniere in der Weltraumforschung. In unserer Sternwarte wurden lange Jahre die Sonnenflecken beobachtet und aufgenommen. Von hier aus wurde auch die internationale Forschung in diesem Bereich koordiniert.»***

Die Sternwartstrasse führt dich auf die etwas grössere und stärker befahrene Gloriastrasse. Schon bald siehst du links oben auf der Anhöhe dein nächstes Ziel: die Grosse Kirche Fluntern. Gleich zu Beginn der Voltastrasse, benannt nach dem Erfinder der

Batterie, Alessandro Volta, führt dich rechts ein Treppenaufgang zu der Grossen Kirche Fluntern hoch. Vor 100 Jahren hätte dich dieses Wanderstück noch durch einen grossen Rebberg geführt, heute ist es eine Wiese, die zum Glück dem Bauhunger der Stadt noch nicht zum Opfer gefallen ist. Der Platz vor der Kirche hat ein spezielles Flair; es ist ein Ort, an dem du der Stadthektik entfliehen und einen Augenblick innehalten kannst.

AHA!
Göttliche Aussichten
Die Grosse Kirche Fluntern ist eine Kirche mit Logenplatz. Der markante Frontturm mit seinem goldenen Stern sticht von weit her ins Auge. Die 1920 erbaute Kirche bietet Platz für fast 1200 Kirchgänger. Eindrucksvoll sind auch die 12 Tonnen schweren, sechsstimmigen Glocken.

Umgehe die Kirche über die Terrasse und biege rechts ab in die Hochstrasse. Hier sticht das auffällige Backsteinhaus und das über 100-jährige Holzhaus ins Auge. Schon bald siehst du vor dir die «kleine Mutter» der grossen Kirche, die alte Kirche Fluntern, die kürzlich ihr 250-jähriges Jubiläum feiern durfte. Mit ihrem roten Kirchturm, dem Wetterhahn und den goldenen Kugeln hat sie etwas Malerisches. Nachdem du die Schulanlage Fluntern durchquert hast, befindest du dich im Zentrum des

AHA!
Fluntern
Ein schönes, ruhiges und vornehmes Quartier! Die ehemals selbstständige Gemeinde wurde 1893 eingemeindet und bildet heute zusammen mit Hottingen, Hirslanden und Witikon den Stadtkreis 7. Fluntern zählt rund 7000 Einwohner und wird umgangssprachlich mit dem Zürichberg gleichgesetzt. Fluntern ist ein relativ steiles Quartier. Die Höhendifferenz beträgt stolze 230 Meter.

Quartiers. Von hier aus wanderst du hinauf Richtung Zürichberg. Dazu gehst du rechts, oberhalb der Tramschleife, die Zürichbergstrasse hoch.

FLUNTERN ··· ZÜRICHBERG

Der steile Aufstieg ist ganz schön happig und bringt dich womöglich etwas ausser Atem. Auch wenn links und rechts Quartierstrassen abzweigen, folgst du tapfer der Direttissima der Zürichbergstrasse. Viele moderne Villen und märchenhafte alte Bauten säumen den Aufstieg durch das feudale Quartier. Es scheint, als würden die Villen mit jedem Höhenmeter vornehmer.

Der Grossschnurri: ***«Zürich bietet Wohnraum und Lebensqualität für alle – Familien, Studenten, gut Verdienende. Wir sind in Sachen Lebensqualität schliesslich nicht umsonst führend im weltweiten und im Schweizer Ranking.»***

Der Nörgeler: ***«Ranking hin oder her; Zürich ist und bleibt überteuert! Die Villen gehören zweifellos zu den schöneren Bauten der Stadt und doch bleiben sie der Oberschicht vorbehalten. Zudem können keine grösseren Häuser und somit nicht mehr Wohnraum geschaffen werden.»***

Kurz, nachdem du die Susenbergstrasse gekreuzt hast, öffnet sich das Quartier. Auf der linken Seite gibt es jetzt Felder. Du gehst links den Szondiweg hoch, der nach dem Begründer der Schicksalsanalyse benannt wurde. Dein Schicksal

führt dich nun quer durch die Wiese, vorbei an der neu aufgeforsteten Obstplantage. Die Bäume hier wurden als Erinnerung an das Landschaftsbild vor 100 Jahren gepflanzt. Nun gelangst du zum Hotel Zürichberg. Die Aussicht auf die Stadt und den See ist deine Belohnung für den steilen Aufstieg. Für Kunstliebhaber gibt es zeitweilig rund um das Hotel einige witzige Kunstobjekte zu sehen. Gehe rechts der Orellistrasse am Waldrand entlang weiter, vorbei am Friedhof bis zur Tramstation Zoo. Hier biegst du nach links ab und gehst bis zum Eingang des Zoos. Der Zoo mit dem neu gestalteten Eingangsbereich und die Masoala Halle sind einen Besuch wert. Die Halle bildet ein Stück des madagassischen Masoala Regenwalds ab und beherbergt 45 verschiedene Tierarten aus Madagaskar. Hast du Hunger oder Durst bekommen? Dann ist das Restaurant Dieci Zoo

AHA!

Wildes und tropisches Zürich

Der Zoo Zürich wurde 1929 eröffnet und beherbergt heute 375 Tierarten aus sechs Kontinenten. Lust auf wilde Tiere, Dschungel und Exotik? Entdecke die Farbenpracht der Flamingos oder die genialen Tricks der Natur, wie zum Beispiel den schützenden Schildkrötenpanzer. Beim Duschen und Reinigen der Elefanten zuzuschauen, hat auch seinen Reiz. Apropos Elefanten: Für sie wird 2014 ein riesiger neuer Elefantenpark gebaut.

Der Nörgeler: ***«Fakt ist, die Tiere leben in Gefangenschaft – weit weg von ihrem natürlichen Umfeld. Ein Auge zudrücken kann ich aber schon: Bedrohte Arten können dank Zoos überleben.»***

S'Meitli: ***«Die Masoala Halle ist super! Ich fühle mich wie auf einer abenteuerlichen Urwaldsafari. Es ist heiss und exotisch und die Luft ist erfüllt von ungewohnten Gerüchen und Geräuschen. Das Beste sind die freilaufenden Lemuren, die Vögel und die Amphibien.»***

die richtige Wahl. Der von Enzo Enea gestaltete Garten ist ein echtes Bijou. Pizzas schmecken in diesem Garten besonders fein!

ZÜRICHBERG ••• DOLDER

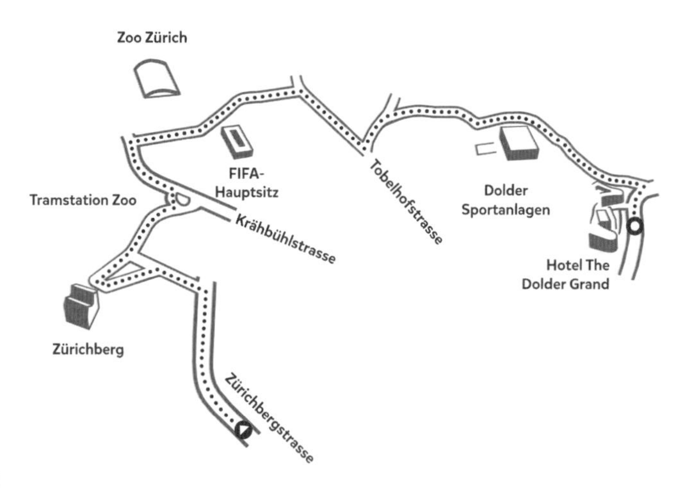

AHA!

Rundes Leder, das die Welt vereint

Zürich, die Wiege des Fussballs. Die FIFA hat ihren Hauptsitz seit 2007 an diesem Ort und ist sogar seit 1932 in Zürich. Vor allem in Kriegs-und Krisenzeiten sichert der Fussball und somit auch die FIFA eine wichtige Verbindung zwischen den Nationen. Dies wird von einem stählernen Fussball mit 1,3 Meter Durchmesser symbolisiert, der mit 204 Säcken Erde aus jedem FIFA-Mitgliedsland gefüllt wurde. Hier am Hauptsitz in Zürich beschäftigt die FIFA über 400 Mitarbeitende aus 40 Ländern.

Vom Zoo aus gehst du rechts in die Forrenweidstrasse – du kannst auch den Schildern mit der Aufschrift Vitaparcours folgen. Gehe zwischen den Sportanlagen hindurch bis ans Ende des Parkplatzes. Das eingezäunte Gebäude zu deiner Rechten ist der Hauptsitz der FIFA. Du gehst nun dem Waldweg entlang, der dich durch den Zürichbergwald führt. Folge immer dem

Das Landei: ***«An einem schönen, kalten Wintertag ist die Eisbahn ganz reizvoll. Die niedlichen Stützeisbären für die noch weniger Geübten sind witzig. Also, wer nicht auf die nächste Seegfrörni warten mag, kommt hier voll auf seine Kosten.»***

breitesten Fussweg und zweige weder links noch rechts ab. Bei der grossen Weggabelung nimmst du den Wanderweg Richtung Lohrenkopf. Du bist richtig, wenn du nach weniger als 200 Metern auf die Tobelhofstrasse stösst. Nimm die Unterführung und gehe weiter nach rechts, vorbei an der Busstation bis zur Waldlichtung. Anschliessend kommst du an eine Querstrasse. Nimm dort den Waldweg Richtung Aussichtsturm und Dolder Sportanlagen. Die Sportanlagen beherbergen neben dem Schwimmbad mit Wellenbad und der Minigolfanlage auch die 1930 eröffnete Kunsteisbahn. Es ist die grösste offene Kunsteisbahn Europas. 1939 wurden hier an der Eishockey-WM auch Spiele ausgetragen. Gehe aussen um die Kunsteisbahn herum und folge dann dem linken Weg. Er führt dich hinunter auf die Kurhausstrasse, von wo aus du innert Kürze das Nobelhotel The Dolder Grand erreichst.

AHA!

Das Märchenschloss

Alles begann mit einem Kur- und Aussichtshotel, das seit 1893 mit einer eigenen Drahtseilbahn gut erreichbar war. 1900 wurde es zum Grand Hotel Dolder umgebaut. Am 3. April 2008 wurde das vom Stararchitekten Norman Foster renovierte Hotel neu eröffnet und hat seither den Anspruch, das beste Hotel der Stadt zu sein. Wer das nötige Kleingeld hat, darf sich hier noch ganz als König fühlen.

Das Landei: ***«Vornehm und nobel! Da kann unsere Dorfpension zwar nicht ganz mithalten, dafür hat sie schön knarrende Parkettböden.»***

DOLDER ••• HOTTINGERPLATZ

Der Weg führt dich unter der Hotelanlage hindurch weiter der Kurhausstrasse entlang bis zur Dolderbahn-Station Waldhaus Dolder. Ab hier geht es die Kurhausstrasse hinunter Richtung Altersheim Doldertal. Du kommst vorbei an eleganten Villen an sonniger Südlage. Hier zu wohnen, hätte schon seinen Reiz – fast könnte man neidisch werden. Am Ende der Kurhausstrasse gehst du den Wolfbachtobelweg hinunter. Durch dieses Tobel mit seinem plätschernden Bach setzt du deine Wanderung fort. Der Wolfbach entspringt in der Nähe des Zoos am Adlisberg und fliesst teils oberirdisch, teils kanalisiert unter Strassen und Häusern durch das Quartier Hottingen und später in den Zürichsee. Das Wolfbachtobel wird von den Anwohnern auch Doldertal genannt. Jetzt kommst du an einem Abenteuerspielplatz vorbei, bei dem es auch manchen Erwachsenen jucken dürfte, noch einmal Kind zu sein. Du folgst weiter dem Tobel bis zur Dolderstrasse. Diese führt dich

Tipp

RESTAURANT ROSENGARTEN

Das heute in der ganzen Stadt bekannte und sehr gastfreundliche Quartierlokal war früher eine Schulstube. Sie wurde vor fast 200 Jahren umgebaut und wird seither als Gaststube geführt. Kulinarisch hat die Speisekarte so einiges zu bieten und der gemütliche Garten lädt zum Verweilen ein.

direkt ins Quartier Hottingen. Am Ende der Dolderstrasse gehst du auf der Gemeindestrasse weiter. Links siehst du das Restaurant Rosengarten mit seiner gemütlichen Sommerterrasse. Jetzt geht es nur noch ein paar Meter die Gemeindestrasse hinunter. Nach dem Quartierplatz erreichst du auch schon dein Etappenziel, die Tramhaltestelle Hottingerplatz.

DEINE GEDANKEN ZUR ETAPPE 8:

Hat Zürich sein gutes Ranking für die Lebensqualität verdient?
Möchtest du in Zürich leben? Weshalb ja, warum nein?

Etappe 9

…

Das Leben ist **ein Auf und Ab.** Genau wie diese Etappe auch. Nur geht es hier **idyllischer** und ruhiger zu als im echten Leben. Du **wanderst** durch mondäne Villenviertel und **historische Ortsteile** und erlebst urbane Moderne. Der Weg führt dich **durch Wälder,** an den See und durch Rebberge auf **malerische Hügel.**

START

Tramhaltestelle Hottingerplatz,
erreichbar mit der Tramlinie 3

ZIEL

Bahnhof Tiefenbrunnen

DISTANZ

8,5 Kilometer

GUT ZU WISSEN

Ziemlich lange Etappe, wenige Restaurants,
ein Picknick im Rucksack für
unterwegs ist empfehlenswert

HÖHEPUNKTE

Kreuzkirche – 3000 Pfeifen für 1200 Gläubige

Klusdörfchen – einfach idyllisch

Elefantengraben – ein Elefant im Graben

Botanischer Garten – Garten der Sinne

Patumbah Park – das ersehnte Land

Rebberge – Weinland Zürich

Mühle Tiefenbrunnen – neues Leben in alten Gemäuern

Etappe 9

●●●

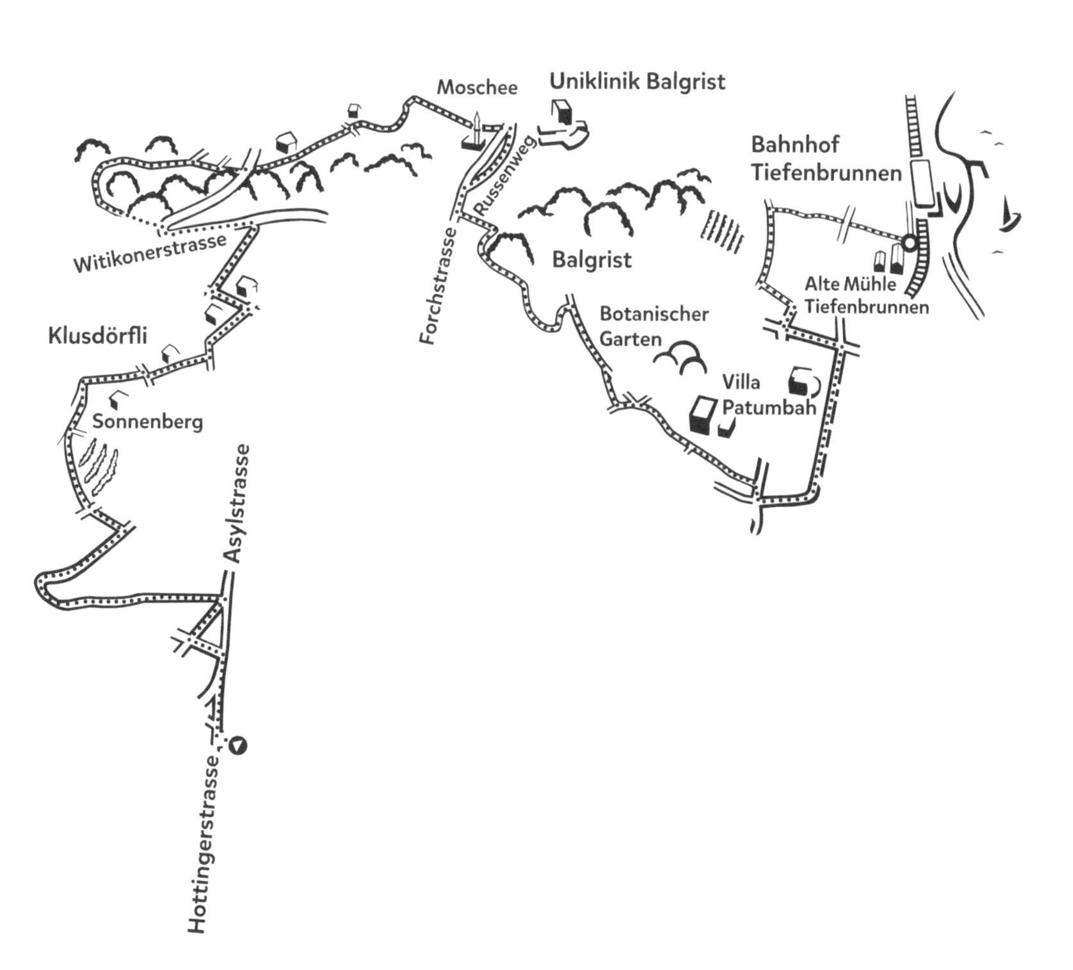
Moschee
Uniklinik Balgrist
Bahnhof
Tiefenbrunnen
Witikonerstrasse
Russenweg
Forchstrasse
Balgrist
Alte Mühle
Tiefenbrunnen
Klusdörfli
Botanischer
Garten
Villa
Patumbah
Sonnenberg
Asylstrasse
Hottingerstrasse

RAUF UND RUNTER

•••

Zürich ist nicht nur flach; auf dieser Etappe geht es stetig auf und ab. Die abwechslungsreiche Route führt dich vom Hottingerplatz zur Kreuzkirche. Von da steigst du über den Rebberg hinauf zum Sonnenberg, hinunter ins nostalgische Klusdörfchen und danach wieder das Elefantentobel hoch.

Der anschliessende Abstieg führt dich hinunter in den Balgrist, am Botanischen Garten, an der Villa Patumbah und der Mühle Tiefenbrunnen vorbei bis zum Etappenziel beim Bahnhof Tiefenbrunnen. Eine Etappe, auf der du Zürich in seiner ganzen Vielfalt erleben kannst.

MUSEUM

LOS GEHT'S...

KLUSPLATZ ••• KLUSDÖRFLI

Dein Startpunkt befindet sich am Hottingerplatz, mitten im Kreis 7 im Quartier Hottingen. Von hier aus gehst du in Tramfahrtrichtung die Asylstrasse hoch, bis du links in die Sophienstrasse und dann gleich die Erste rechts in die Ilgenstrasse abzweigen kannst. Vorbei am Schulhaus Ilgen führt sie dich bis zum Römerhof. Hier befindet sich auch die Talstation der Dolderbahn. Am Anfang des Platzes, vor dem Café Le Pain Quotidien, gehst du die Rütistrasse hoch zur Kreuzkirche. Wegen ihrer grossen Kuppel hat sie eine gewisse Ähnlichkeit mit der zehn Jahre älteren Kirche Enge auf der gegenüberliegenden Seeseite. Vor der Kreuzkirche gehst du ein paar Meter der Carmenstrasse entlang, bis du die Treppe zum Hauptportal der Kirche hochsteigen kannst.

AHA!

3000 Pfeifen für 1200 Gläubige

Die evangelisch-reformierte Kreuzkirche wurde kurz nach der Jahrhundertwende von 1902 bis 1905 gebaut. Speziell sind der radial mit Sitzbänken ausgestattete Innenraum mit Platz für rund 1200 Kirchgänger und die drei Emporen. Die Orgel mit rund 3000 Pfeifen ist ebenfalls beeindruckend. Vor der Kirche befindet sich eine idyllische Steingrotte.

Verlasse das Kirchengelände über den Weg rechts hinter der Kirche, der dich wieder zurück auf die Rütistrasse führt.

Bei der Kreuzung Rütistrasse / Titlisstrasse gehst du rechts der Titlisstrasse entlang, dabei querst du die Dolder-Zahnradbahn. Folge der Heuelstrasse ein kleines Stück und biege dann in die Sonnenbergstrasse, auf der du eine Weile lang weiterwanderst. Vorbei geht es an Herrschaftshäusern und modernen Bauten mit zum Teil eigenwilliger und auffälliger Architektur. Schon bald triffst du auf den Heuelsteig, dem du bergwärts folgst. Auf der anderen Seite der Sonnenbergstrasse steigst du weiter die Treppe des Heuelsteigs hoch. Danach zweigst du rechts in den Naturweg ab, der dich in den Rebberg führt. Der Rebberg Sonnenberg wurde anlässlich des 150-Jahr-Jubiläums der Landoltweine erstellt. Er dient als Versuchsrebberg für die Klonforschung und zur Qualitätsverbesserung.

Die Route führt dich nun unterhalb des Restaurants Sonnenberg links ein paar Treppenstufen hoch auf die Aussichtsterrasse. Bäng – da ist sie wieder – die Aussicht! Von hier hast du Seesicht pur. Weiter geht es rechts, auf Höhe der Aussichtsterrasse, dem Hitzigweg entlang. Er führt dich unterhalb des Adlisbergwalds am alten Hauptsitz der FIFA vorbei. Schon bald wird der Hitzigweg kurvenreich und es geht steil bergab bis zur Hegibachstrasse. Hier beginnt das verträumte Klusdörfli. Folge ein paar Meter weiter unten links dem Fussweg Klusdörfli.

KLUSDÖRFLI ••• ELEFANTENGRABEN

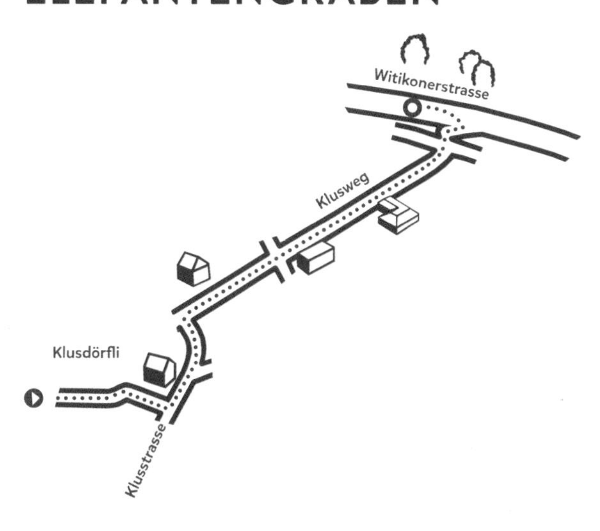

AHA!
Einfach idyllisch
Das stimmungsvolle Klusdörfli wirkt wie ein Relikt aus alten Zeiten – Dorfidylle in der Grossstadt, ein Stück heile Welt. Diesen Eindruck vermittelt dir zum Beispiel das alte Wohnhaus aus dem 16. / 17. Jahrhundert an der Hegibachstrasse 130. Der Name Klusdörfli stammt übrigens von «Chlus», oder lateinisch «clusa», was übersetzt so viel heisst wie Tobel oder kleines, eingeschlossenes Tal.

AHA!
Der gezähmte Bach
Bändigen, zähmen, kanalisieren oder gar untertunneln war einst eine gängige Massnahme, um Wildbäche einzudämmen. Ein Beispiel dafür ist der Hegibach. Früher tosendes Naturgewässer, ist er heute über weite Strecken kanalisiert und unter die Erde verbannt. Doch es findet wieder ein Umdenken statt. Bäche werden als wichtiges Element der Natur und des Erholungsraums soweit wie möglich wieder in Wohnquartiere integriert.

Nach dem Klusdörfli gehst du links der Klusstrasse entlang. Früher weideten hier noch Kühe. Doch es hat sich ausgemuht. Heute stehen hier mondäne Villen, grosszügige Herrschaftshäuser und moderne Mehrfamilienhäuser. An dieser Stelle ist der Hegibach leider komplett überdeckt.

Folge der leicht ansteigenden Klusstrasse, bis du rechts in den Klusweg abbiegst, diesem folgst du bis ans Ende. Dort angekommen geht es über ein paar Stufen den Rübenweg hinunter zur stark befahrenen Witikonerstrasse. Du befindest dich bei der Schleife «Schlyfi». Zu deiner Rechten siehst du die gleichnamige, nach Zürcher Art beschriftete Bushaltestelle. Ein wenig weiter oben gehst du rechts in den Wald und durch den Fussgängertunnel unter der Witikonerstrasse hindurch. Nach dem Fussgängertunnel wird das Tal etwas enger und richtet sich nach dem Verlauf des Elefantenbachs. Naturbegeisterte kommen auf diesem Abschnitt auf ihre Kosten: Hier verläuft der Bach inmitten eines wildromantischen Waldtobels. Ein Fleck Natur, der zu jeder Jahreszeit und bei jedem Wetter seinen Reiz hat. Folge dem Wanderweg, der dich dem Bach entlang weiter durch das Tal führt. Nicht zu übersehen ist hier auch ein Tier, das in keinem anderen Schweizer Wald anzutreffen ist: ein wasserspritzender Elefant aus Beton. Diesen Elefanten gibt es seit 1898, den Namen Elefantenbach kannte man jedoch schon gut 50 Jahre früher. Der Verschönerungsverein von Zürich und Umgebung platzierte den Elefanten dort, weil der Bach diesen Namen trug. Die Feuerstelle mit etlichen Sitzgelegenheiten lädt zum Verweilen ein. Fast möchte man sagen: «Hier bin ich – hier bleibe ich.»

AHA!
Der Elefant im Graben
Der aus Stein geformte Elefant ist nicht der einzige Elefant ohne Gehege in der Stadt. Freilaufende Elefanten schrieben in Zürich schon mehrmals Geschichte, wie zum Beispiel im Sommer 2010, als eine aus dem Zirkus Knie ausgebüxte Elefantenkuh die Zürcher Innenstadt in Aufregung versetzte.

Der Nörgeler: ***«Süss, der Kleine, aber fraglich, weshalb ein steinernes Wesen an einem unspektakulären Platz als Attraktion gilt – da ist der Berner Bärengraben schon spannender.»***

Der Grossschnurri: ***«Ist doch klar: Weil es so einen frei laufenden, in diesen Klimazonen beheimateten und immer braven Elefanten nirgendwo sonst zu sehen gibt. Und ausserdem, wo kann man sich wie hier von einem wasserspeienden Elefanten die Hände waschen lassen?!»***

ELEFANTENGRABEN ••• BALGRIST

Du folgst nun nicht mehr dem Wanderweg, sondern steigst auf der rechten Bachseite über die Holzstufen das steile Tobel bis zum Waldrand hoch. Ausserhalb des Waldes führt dich der Weg den Eichhaldeweg hinunter, bis du wieder auf die Witikonerstrasse kommst. Überquere die Strasse und gehe auf der anderen Strassenseite die Eierbrechtstrasse weiter hinunter, bis du nach einer grösseren Quartierkreuzung rechts in einen Feldweg abzweigen kannst, als Orientierung helfen auch die grünen Entsorgungscontainer. Folge diesem Feldweg, biege bei der nächsten Möglichkeit rechts in den Balgristweg ein und wandere talwärts weiter.

Erneut weicht die Stadt für eine Weile der Natur und du kommst an schönen Schrebergärten vorbei. Nachdem du am unteren Ende des Balgristwegs über eine kleine Holzbrücke den Werenbach überquert hast, siehst du ein altes Riegelbauhaus aus dem

17. Jahrhundert. Vorbei an hübschen Vorgärten kommst du nach einem kurzen Anstieg ins **Balgristquartier.**

AHA!
Die älteste Moschee der Schweiz
Im Balgristquartier koexistieren zwei Religionen friedlich: Einander vis-à-vis stehen hier eine christliche Kirche mit Glockenturm und eine muslimische Moschee mit Minarett. Bimmelnde Kirchenglocken und der Muezzin rufen zum Gebet. Die Mahmud Moschee mit ihrem 18 Meter hohen Minarett war 1962 die erste muslimische Einrichtung in der Schweiz und hat damit eine historische Bedeutung für die Muslimen in diesem Land. Von über 150 Moscheen in der Schweiz stehen deren 18 auf dem Gemeindegebiet von Zürich.

Auf der anderen Strassenseite siehst du nun die Universitätsklinik Balgrist. Dieses Universitätsspital ist führend in der Behandlung aller Schädigungen des menschlichen Bewegungsapparats. So mancher lädierte Schweizer Spitzensportler ist hier wieder in die Gänge gekommen.

BALGRIST ··· BOTANISCHER GARTEN

Überquere die Forchstrasse, gehe rechts zur Erlöserkirche und von dort rechts in den Russenweg hinein. Diesem folgst du bis ans untere Ende an der Burgwies. Hier steht das bekannte Tram-Museum von Zürich.

S'Meitli: ***«Toll, dass man im Tram-Museum alles anfassen darf… Ich möchte gerne in den alten Wagen mitfahren.»***

Es beherbergt 15 historische Schienenfahrzeuge und dokumentiert die Entwicklung des Nahverkehrs in der Schweiz.

Einmal mehr geht es bergab. Unmittelbar nach dem Tram-Museum steigst du links die Treppen hinab und folgst dem Lauf des Werenbachs, der dich in ein weiteres Tobel führt. Folge dem Weg neben dem plätschernden Bach talwärts, vorbei an der Waldlichtung mit der Feuerstelle Mühlebödeli. Weiter unten triffst du auf eine renovierte alte Fabrik. Hier ist das Non-Profit-Unternehmen Drahtzug zu Hause, das Menschen, die in der Arbeitswelt Schwierigkeiten haben, wieder sozial integriert. Überquere die Betonbrücke beim Fabrikgelände, gehe um das Gebäude herum und den schmalen Naturweg durch die Schafweide hoch bis zur Weineggstrasse. Oben angekommen wanderst du auf der Weineggstrasse nach rechts stadteinwärts. Die Häuser stehen hier weit auseinander – so bleibt Platz für Licht, Luft und grüne Wiesen.

Hedwig
Terra

AHA!

Garten der Sinne

Der Botanische Garten der Universität Zürich beherbergt auf 53'000 m² über 9000 Pflanzen. Es ist ein Paradies, das deine Sinne fordert, mit seinen Düften deine Nase verführt, mit seiner Farbenpracht deine Augen inspiriert und mit seinen verschiedenen Blättern und Baumrinden deinen Tastsinn anregt.

Bei der nächsten Gabelung nimmst du links das Strässchen Richtung Burgweg 42–46. Nach ein paar Metern stehst du vor dem Botanischen Garten. Die Route führt dich mitten hindurch. Er hat zu jeder Jahreszeit seinen Reiz und ist ein wunderbarer Ort der Erholung.

Vierbeiner sind hier nicht erwünscht. Falls du mit einem Hund unterwegs bist, spazierst du ausserhalb des Botanischen Gartens dem Burgweg entlang.

Der Grossschnurri: ***«Unter den einzigartigen gläsernen Kuppeln kommst du dir vor wie im Dschungel – typisch Zürich: Hier blüht (dir) überall etwas.»***

BOTANISCHER GARTEN ••• TIEFENBRUNNEN

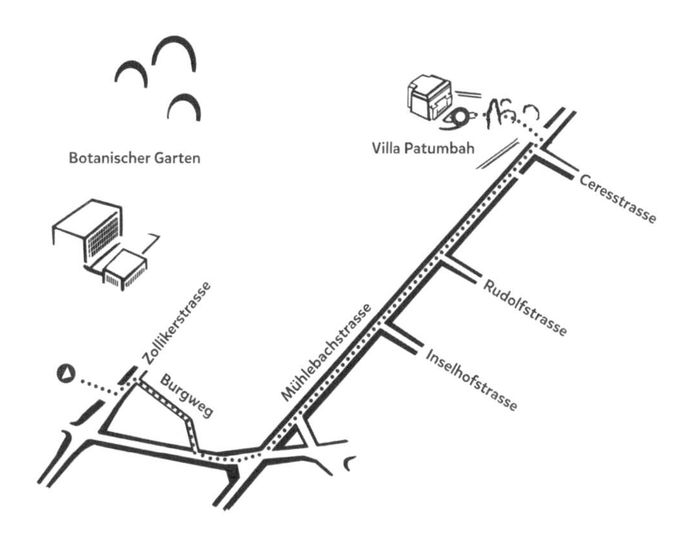

Auf der Höhe der VBZ-Station des Botanischen Gartens folgst du dem schmalen Burgweg, der als Wanderweg Richtung Höschgasse ausgeschildert ist. Bei der ersten Querstrasse zweigst du links in die Mühlebachstrasse ab. Sehenswert ist das mit Figuren verzierte Haus Nr. 162. Die Häuser gegenüber würden auch auf eine südliche Ferieninsel passen.Ein wenig weiter stadtauswärts sticht dir links eine architektonische Besonderheit ins Auge: die neue Überbauung Patumbah Park. Gleich nebenan liegt der öffentliche Park, in dem sich auch die Villa Patumbah befindet. Ein Blick in die Parkanlage lohnt sich.

AHA!

Ersehntes Land

Die Villa Patumbah (Malisch: ersehntes Land) wurde 1883 von den Architekten Chiodera und Tschudy für den seinerzeit reichsten Zürcher, Karl Fürchtegott Grob, erbaut. Seinen fast unermesslichen Reichtum hatte er mit einer Tabakplantage auf Sumatra erworben. In der Villa wurden viele edle Materialen wie Carrara-Marmor und Veroneser Kalkstein verbaut und verschiedene Bauelemente vergoldet. Damals war die Villa der teuerste Bau in Zürich. Die Villa steht unter Denkmalschutz.

Der Nörgeler: ***«Ei, ei, ei, welch aufgeblasener Prunk! Früher wurde Reichtum und Macht gerne zur Schau gestellt. Aber selbst in Zürich gehört man mit viel Geld noch lange nicht zur Weltelite.»***

Nach dem Park folgst du weiter der Mühlebachstrasse bis zur nächsten Strassenkreuzung. Zweige links in den Münchsteig ab und gehe diesen bis zur Zollikerstrasse hoch. Mach die nächsten Schritte auf der Zollikerstrasse in Richtung Alpen; bald kannst

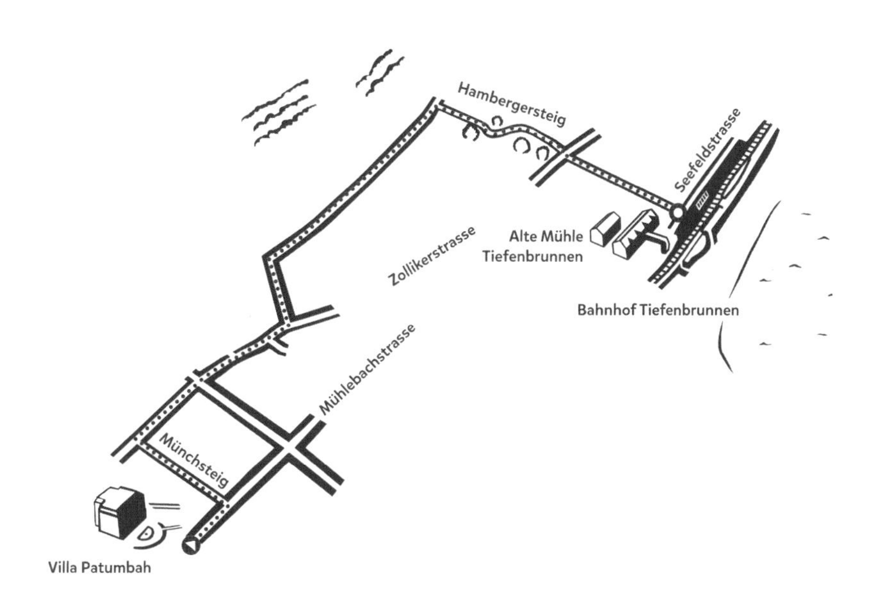

du links in die Südstrasse abzweigen. Kunstinteressierten empfiehlt sich eine kleine Zusatzschlaufe bis zur Zollikerstrasse 117, wo sich die private Kunstsammlung von Emil Georg Bührle befindet – sie hat Weltformat.

Vorbei geht es an sehenswerten, historischen Gebäuden wie der Villa Brandt mit dem speziellen Pförtnerhaus und dem barocken Landsitz Brunnenhof, einem ehemaligen Bauernhof. Im Hintergrund siehst du den idyllischen, je nach Jahreszeit ein wenig verschlafen wirkenden Rebberg Burghalde. Das ganze Gebiet war früher voller Rebstöcke. Folge weiter der Südstrasse, bis du rechts durch zwei steinerne Torpfosten in den Hambergersteig abzweigst.

Er führt dich an der Hedwig-Stünzi-Terrasse vorbei. Eine kleine Verschnaufpause gefällig? Sitzbänke mit Ausblick laden dich dazu ein. Nach ein paar Schritten den Steig hinunter befindest du dich wieder inmitten reinster Natur. Dieser kurvenreiche Weg, der fast ein wenig an die Voralpen erinnert, führt dich zum See hinunter. Am Ende des Hambergersteigs findest du links in der Seefeldstrasse den Eingang zur Kulturstätte Mühle Tiefenbrunnen. Eine Schlaufe durch diese Mühle mit ihrem grossen Innenhof und dem einmaligen Ambiente ist der krönende Abschluss dieser Etappe.

AHA!

Neues Leben in alten Gemäuern

Die durch Neubauten ergänzte, denkmalgeschützte Mühle ist ein Zentrum mit einem grossen Angebot an Kultur, Shops, Bars und Restaurants und beherbergt ausserdem ein Cabaret und ein Museum. Im Mühlerama kannst du dir eine 100-jährige Industriemühle ansehen und du erfährst alles über die Geschichte des Getreides. Die gelb-roten Fassaden aus Backstein verleihen dem Gebäude etwas Schlossähnliches.

S'Meitli: ***«Das Mühlerama ist lässig – hier kann man selber Brot backen und neue Brotformen erfinden. Noch lustiger ist es aber, auf Mehlsäcken die Rutschbahn hinunterzusausen.»***

Mit dem Schwung der Rutschbahn im Mühlerama gelangst du durch die Unterführung zur Tramstation beim Bahnhof Tiefenbrunnen. Und schon hast du das Etappenziel erreicht.

DEINE GEDANKEN ZUR ETAPPE 9:

Was macht Zürich so besonders?

Welche Eindrücke nimmst du mit nach Hause?

Etappe 10

•••

Der See und das Wasser haben Zürich schon immer geprägt. Die Stadtzürcher kennen die unbändige Kraft des Wassers und haben gelernt, mit seinen Launen zu leben. Der See ist aber auch Zürichs grösster Trumpf: Er bringt Ruhe in die hektische Stadt und ist das liebste Freizeitziel der Zürcher.

START

Bahnhof Tiefenbrunnen,
erreichbar mit der Tramlinie 4

ZIEL

Hauptbahnhof Zürich

DISTANZ

6,5 Kilometer

GUT ZU WISSEN

Im Sommer zahlreiche Bademöglichkeiten
Im Winter sind viele Restaurants am See geschlossen
Zeit für Museumsbesuche einberechnen

HÖHEPUNKTE

Strandbad Tiefenbrunnen – sehen und gesehen werden
Zürichsee und Seebrise – der See führt Regie
Blatterwiese – ein Park für Flaneure
Chinagarten – chinesisches Geschenk
Sechseläutenplatz – der neue Platz von Zürich
Bahnhof Stadelhofen – der Stier stand Modell
ETH/Universität – wo Einstein büffelte
Polybahn – ein kleines Heiligtum in Zürich
Niederdorf – ein Hoch auf's Niederdörfli

Etappe 10

●●●

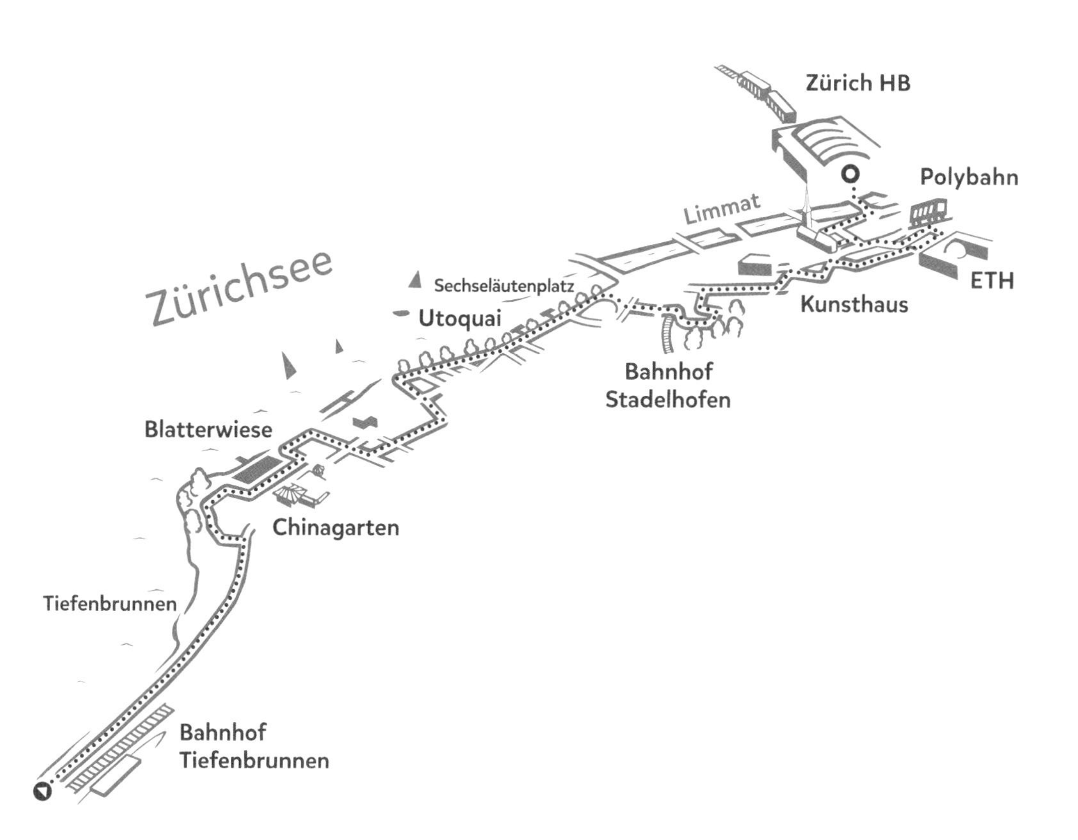

Zürich HB
Polybahn
Limmat
ETH
Kunsthaus
Zürichsee
Sechseläutenplatz
Utoquai
Bahnhof
Stadelhofen
Blatterwiese
Chinagarten
Tiefenbrunnen
Bahnhof
Tiefenbrunnen

DER SEE FÜHRT REGIE

•••

Die zehnte und letzte Etappe führt dich zurück zum Ausgangspunkt der gesamten Wanderung, dem Hauptbahnhof Zürich. Eine Etappe mit unzähligen historischen Bauten, kulturellen Leckerbissen und vielen Ausblicken auf den schön blauen Zürichsee. Dem Ufer des Sees entlang durch hübsche Quartierstrassen geht es langsam, aber sicher zurück ins Stadtzentrum, ins weltbekannte Niederdörfli.

Kurz vor deinem Ziel hast du von der Polyterrasse aus noch einmal eine herrliche Aussicht über Zürich. Nicht manche Weltstadt hat einen eigenen See; Zürich schon! Auf dieser Etappe begleitest du den See über weite Strecken hinweg.

LOS GEHT'S…

TIEFENBRUNNEN ••• ZÜRICHHORN

Bereit für den Schlussspurt? Der Startpunkt dieser Etappe ist der Bahnhof Tiefenbrunnen. Vom Bahnhofsgebäude aus gelangst du durch die Unterführung unter der stark befahrenen Bellerivestrasse hindurch direkt zum See. Der Bellerivestrasse entlang bis nach Meilen und zurück nach Zürich führt auch der Zürich-Marathon. Die heutige Etappe ist zum Glück viel weniger weit als 42 km, aber wenn du alle Etappen abgewandert bist, so hast du doch fast die doppelte Marathondistanz zurückgelegt. Auch wenn die Aussicht über den weiten und fast ozeanblauen See imponiert, verpasse nicht den Blick zurück auf die gegensätzliche Architektur von Altem und Neuem. Moderne Glasbauten wurden hier gekonnt in den gelb-roten Backsteinbau der alten Mühle Tiefenbach integriert.

Am See angekommen gehst du nach rechts Richtung Strandbad Tiefenbrunnen. Die Badi aus den 1950er Jahren ist im natürlichen Wohngartenstil angelegt: Der Eingang mit den kreisförmigen Betonpilzen und der Teepavillon sind reizvolle Zeitzeugen dieser Baukultur. In der trendigen Szene-Badi lautet das Motto: sehen und gesehen werden. Mitunter sicherlich auch ein Grund dafür, dass es bei den Zürcher Schwulen und Lesben sehr beliebt ist. Bei Insidern wird das Bad deshalb despektierlich auch «Tuntenbrunnen» genannt. Hast du Lust auf ein Sonnenbad oder einen Sprung ins kalte Nass? Nur zu! Ausserhalb der Badesaison kannst du direkt durch das Bad spazieren. Nach dem Strandbad erreichst du schon bald das Zürichhorn, das dank seiner exponierten Lage eine grandiose Seesicht bietet.

AHA!

Der See führt Regie

Mit dem Zürichhorn verbinden viele Zürcher schöne Erinnerungen an Grossanlässe, die Zürich, ja die ganze Schweiz nachhaltig prägten. Die drei bekanntesten waren die Landesausstellung von 1939, die Schweizerische Gartenbauausstellung G59 im Jahre 1959 und die naturwissenschaftliche Ausstellung Phänomena von 1984. Der Kugelbrunnen erinnert noch an diese bekannte und erfolgreiche Ausstellung.

ZÜRICHHORN ••• UTOQUAI

Die Route führt dich weiter dem See entlang – vorbei am Casino und über das einstige Dornbachdelta. Bis weit ins 19. Jahrhundert war dieses Delta eine kaum berührte Naturidylle. Seit damals konnte es seiner natürlichen Entwicklung freien Lauf lassen. Auf dem nächsten Kilometer flanierst du durch einen der bekanntesten und schönsten Hotspots Zürichs – die Blatterwiese. An lauen Sommerabenden ist dieser Park mit seiner wunderbaren Seesicht einer der angesagtesten Treffpunkte der Stadt – ein richtiger Publikumsmagnet. Es ist schön, extrem schön hier, und zwar zu jeder Tages- und Jahreszeit. Und es gibt unendlich viel zu entdecken: zum Beispiel den Chinagarten und die vielen interessanten Skulpturen und Kunstobjekte wie die Heureka von Jean Tinguely oder den Leonhard-Widmer-Brunnen,

Der Grossschnurri: ***«Genau von solchen Parks lebt meine Stadt. Sie machen Zürich zu etwas Besonderem, etwas Einmaligem. Dieser Park verleiht der Urbanität etwas Natürliches, Ursprüngliches.»***

Das Landei: ***«Ist wirklich herzig, dieser Park. Aber komm mal aufs Land, wir brauchen keine mondänen Pulsadern. Wenn du bei uns an einem lauen Sommerabend am Waldrand sitzt und die Felder und Wiesen vom Sonnenuntergang bunt gefärbt sind, dann weisst du, was wahre Lebensqualität ist.»***

einer von über 1200 Brunnen in Zürich. Widmer war übrigens Autor des Textes der Schweizer Nationalhymne «Trittst im Morgenrot daher…». Auf der Blatterwiese geht das auch bei Abendrot.

AHA!
Chinesisches Geschenk
Der Chinagarten war ein Geschenk der Stadt Kunming an Zürich, als Dank für die Hilfe bei der Trinkwasserversorgung und der Stadtentwässerung. Es ist ein sehenswerter kaiserlicher Garten mit farbenprächtigen Pavillons und wunderschönen Teichen. Von Weitem fällt die farbige, mit Drachen verzierte Aussenmauer auf. Sie soll die bösen Geister vom Park fernhalten – überzeuge dich selbst davon und trete ein.

Unmittelbar neben dem Chinagarten findest du den Kinderspielplatz Blatterwiese. Als riesiger Vergnügungsplatz lässt er Kinderherzen höherschlagen. Manchmal ist er aber so überfüllt, dass er zum Albtraum für Väter und Mütter werden kann. Die Route führt weiter dem See entlang Richtung Stadtzentrum.

Am Ende der Blatterwiese wird der Seefeldquai etwas schmaler und die Häuser rücken näher an den See. Für einen kurzen Abstecher entfernst du dich nun vom See. Dazu folgst du der Höschgasse, die dich rechts zwischen dem Centre Corbusier und dem Museum Bellerive hindurchführt. Gleich am Anfang der Höschgasse protzt an der Ecke die imposante

Villa Egli im englischen Landhausstil; sie hat etwas Anziehendes und Geheimnisvolles. Hinter ihren prunkvollen schmiedeeisernen Toren befindet sich eine Ballettschule. Das Museum Bellerive beherbergt die Objektsammlung des Kunstgewerbemuseums und hat sich mit vielen Wechselausstellungen im Bereich Mode, Design und Lifestyle einen Namen gemacht.

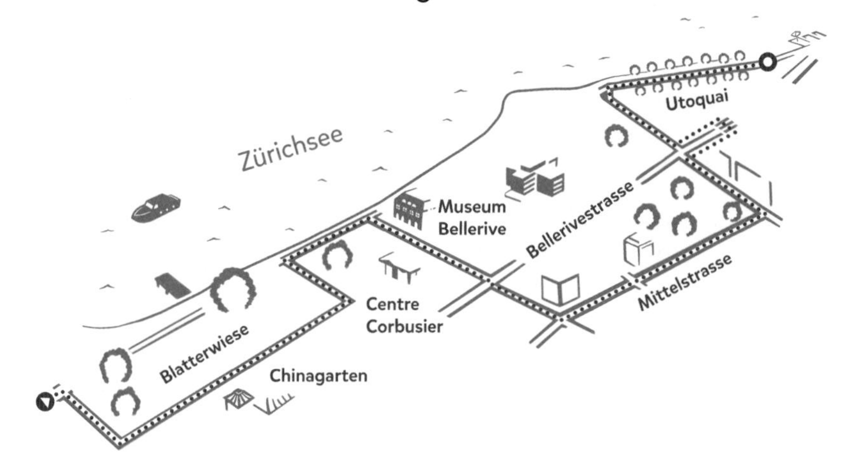

Nachdem du die stark befahrene Bellerivestrasse überquert hast, biegst du an der nächsten Kreuzung links in die Mittelstrasse ein. Diese Strasse bietet einen reizvollen Mix aus modernen Häusern und solchen Häusern aus der Jugendstilzeit. Viele alte prunkvolle Villen, einst

中國園

Residenzen von Zürcher Aristokraten, runden dieses Bild ab. Bleib zum Beispiel vor der Villa an der Mittelstrasse 12 stehen: Das Architektur-Kunstbaustellenprojekt ChemicalMoonBABY, das unter der Initiative und Leitung von Katrin Bechtler steht, ist eine spannende, aber auch etwas skurrile Adresse. Architektur und Kunst werden in ihrer fortlaufenden Veränderung im Haus und im wilden Garten gezeigt. Folge nun weiter der Mittelstrasse, bis du auf die weniger bekannte Lindenstrasse triffst. Ja, auch Zürich hat eine Lindenstrasse! Hier nach Schauspielern oder Kamerateams Ausschau zu halten, ist allerdings zwecklos. Die gleichnamige TV-Seifenoper spielt schliesslich in München. Du kannst die Strasse getrost links liegen lassen und der Mittelstrasse weiter folgen.

Hast du den See vermisst? Dann nichts wie los: zurück zum See. Dazu biegst du am Ende der Mittelstrasse links in die Klausstrasse ein, überquerst nochmals

AHA!
Für einmal nicht so hoch hinaus

Auch Zürich hat einen Springbrunnen. Dieser ist von weit her über den See erkennbar. Er ist zwar nicht ganz so hoch wie der bekannte Jet d'eau in Genf, aber immerhin spritzt das Aquaretum, wie die Fontäne hier genannt wird, das Wasser beim Hafen Enge 25 Meter in die Höhe. Das Wasserspiel besteht aus 16 Unterwasserpumpen und 96 Unterwasserleuchten.

die Bellerivestrasse und schon bist du wieder am See. Folge dem Seefeldquai weiter stadteinwärts, Richtung Badepalast Utoquai. Dieses historische Seebad aus Holz aus dem Jahre 1908 ist eine der ältesten Badeanstalten von Zürich. Sie wurde gebaut, damit die Zürcher dem damals aufkommenden Trend des Sonnenbadens frönen konnten. Von hier aus hast du einen fantastischen Blick auf das gesamte Seebecken, den Springbrunnen und die beiden Münstertürme, die weiter vorne in den Himmel ragen.

Der Nörgeler: ***«Ja, ja, alles wollen sie kopieren, die Zürcher, aber dieses Brünneli kommt nicht annähernd an das Original heran. Da sind die Genfer eindeutig spritziger.»***

Weiter geht es den Quaianlagen entlang Richtung Bellevue. Du hast die Qual der Wahl: Entweder wanderst du der Kastanienallee entlang oder du nimmst den mit Steinplatten ausgelegten Weg direkt am Wasser. Urbanes Lebensgefühl und Wasser sind hier vereint, dies ist wohl mitunter auch ein Grund dafür, dass dieser Quai eine der beliebtesten

Flaniermeilen Zürichs ist. Hier ist Spazieren angesagt, an schönen Frühlings- oder Herbsttagen gibt es vor lauter Menschen fast kein Durchkommen mehr. Ein Zwischenstopp an der «Pumpstation» ist empfehlenswert – das Motto dieser trendigen Bar lautet: Nur bei Regen nicht geöffnet. Im Winter ist das nette «Beizli» an der frischen Luft leider auch bei schönem Wetter geschlossen.

S'Meitli: ***«Hier will ich definitiv nicht mehr weg. An diesem Ort kann ich fast auf Sommerferien im Ausland verzichten. Glückliche Menschen, leckeres Eis, viel Badespass und Sonnenschein.»***

Am Ende der Promenade verlässt du das Seeufer, überquerst noch einmal die Bellerivestrasse und schon befindest du dich beim Bellevue und dem Sechseläutenplatz. Du bist an einem

Tipp

BELLEVUE APOTHEKE

Immer geöffnet: Die Bellevue Apotheke am Bellevue ist ein Beispiel dafür, dass viele Geschäfte in Zürich auf eine lange Tradition zurückblicken. Die Apotheke wurde 1887 in einem kleinen Laden am Standort des heutigen Coop City als erste Apotheke am Bellevue eröffnet. Als eigentliche Institution unter den Zürcher Apotheken stehen ihre Türen 7 × 24 Stunden offen.

AHA!

Der Böögg bestimmt das Sommerwetter

Auf dem Sechseläutenplatz findet alle Jahre im Frühling das bekannte Sechseläuten statt, bei dem der Böögg, ein überdimensionaler künstlicher Schneemann, verbrannt wird. Dieses Fest hat eine bis ins Mittelalter zurückreichende Tradition. Es wurde von den Zürcher Zünften ins Leben gerufen, denn früher war es so, dass die Glocken im Frühling die Verlängerung der Arbeitszeit bis Sechs einläuteten. Heute symbolisiert die Verbrennung des Bööggs das Ende des Winters. Je schneller dabei der mit Feuerwerk gefüllte Kopf explodiert, desto schöner soll angeblich das Wetter im Sommer werden.

der wichtigsten Verkehrsknotenpunkte der Stadt angelangt – hier strahlt Zürich eine Urbanität aus, wie man sie sonst nur von einer Grossstadt kennt. Der Sechseläutenplatz ist mit seiner 16'000 m² grossen «Sächsilüüte Wiese» der grösste innerstädtische Platz der Schweiz. Bei den Grabungen für den Bau des neuen Parkhauses Opéra wurden hier bedeutende archäologische Funde von verschiedenen Pfahlbausiedlungen aus der Jungstein- und Bronzezeit gemacht. Einige dieser über 5000 Jahre alten Fundstücke sind im seeseitigen Treppenabgang zum Parkhaus ausgestellt.

Der Grossschnurri ***«Wir sind aus unerfindlichen Gründen zwar nicht die Hauptstadt der Schweiz, dafür macht unser Böögg das Sommerwetter für das ganze Land. Er hat einen so hohen Stellenwert in der Schweiz, dass er auch schon entführt wurde. Seither wird er von Leibwächtern beschützt.»***

UTOQUAI ··· HOHE PROMENADE

AHA!

Der Stier stand Modell

Der Bahnhof Stadelhofen vereint gekonnt Geschichte und Moderne. Das spätklassizistische Bahnhofsgebäude ist gut in die sehenswerte Perron-Überdachung aus Beton und Stahl integriert. Es wurde vom weltbekannten Architekten Santiago Calatrava erschaffen; als Vorbild für die organische Skulptur dienten ihm die Rippen eines Stiers. Der Bahnhof, der Stadelhofenplatz und der Brunnen sind Teil des städtischen Lichtkonzepts Plan Lumière.

Beim Opernhaus am Ende des Sechseläutenplatzes geht es weiter Richtung Bahnhof Stadelhofen. Vor dem Bahnhof überquerst du den Stadelhofenplatz. An seine Vergangenheit als Viehmarkt erinnert heute keine Kuh mehr, im Gegenteil: Mit seinen vielen Bäumen, dem historischen Brunnen und den Sommercafés lädt er zum Verweilen und Caféschlürfen ein.

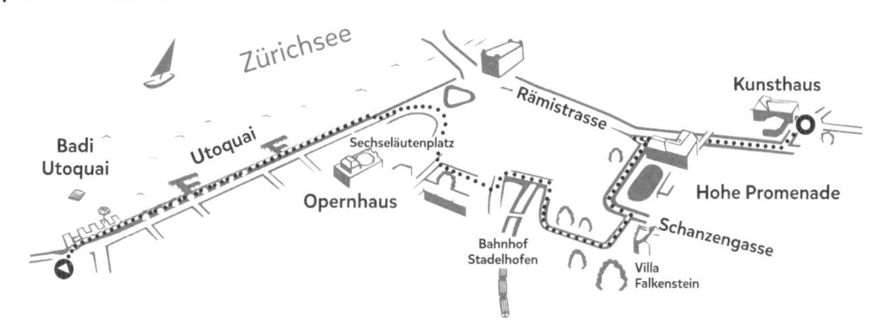

Gleich vor dem Bahnhof biegst du links in die Stadelhoferstasse ein und gehst rechts die erste Strasse, die Schanzengasse, bergauf. Sie führt dich über die Bahngeleise zur hohen Promenade hinauf. Von der Brücke aus hast du nochmals eine gute Sicht auf die eindrückliche Bahnhofsarchitektur. Nach ein paar Minuten erreichst du die neugotische Villa Falkenstein und den Privatfriedhof Hohe Promenade, den eine markante Sandstein-Stützmauer vor ungebetenen Gästen schützt.

AHA!
Private Gräber
Der Privatfriedhof Hohe Promenade aus dem Jahre 1848 ist der älteste noch genutzte Friedhof von Zürich. Viele bekannte – und ebenso begüterte – Zürcher Bürger haben hier in Privatgräbern ihre letzte Ruhestätte gefunden. Grabmieten sind hier nicht möglich und der Zutritt ist nur den Besitzern der Privatgräber und ihren Nachkommen gestattet. Allen anderen bleibt das schmiedeeiserne Tor verschlossen.

HOHE PROMENADE ••• HEIMPLATZ

Dein nächstes Ziel ist der Heimplatz mit dem Kunstmuseum. Dazu folgst du auf der Höhe der Villa Falkenstein dem Caroline-Farner-Weg auf die Aussichtsplattform Hohe Promenade. Gehe auf der rechten Seite stadteinwärts weiter, bis eine gepflasterte Gasse links abzweigt. Dieser folgst du bis zur Verzweigung oberhalb der stark befahrenen Rämistrasse. Von hier aus gehst du rechts die Promenadengasse hinauf bis zum Heimplatz. Dieser ist nach dem Musiker und Komponisten Ignaz Heim benannt. Überquertest du ihn geraden Schrittes, würdest du vor dem über die Landesgrenzen hinaus bekannten Schauspielhaus stehen. Stattdessen gehst du über die Rämistrasse zu deiner Linken. Und schon liegt dir der Eingang des Zürcher Kunsthauses zu Füssen – das imposanteste Gebäude am Platz. Gleich neben dem Haupteingang steht das Höllentor des Künstlers Rodin. Pure Ironie, denn für Kunstfans ist das Museum alles andere als eine Hölle.

AHA!

Das Höllentor zur Kunst

Die Sammlung des Kunstmuseums umfasst 4000 Gemälde, Plastiken und Installationen. Dazu kommen viele bekannte Werke aus der Zeit zwischen dem 15. Jahrhundert bis zur Gegenwart. Vertreten sind alle grossen Künstler von Munch über Picasso, Chagall und Monet bis hin zu Beuys. Zu sehen sind aber auch Werke von Schweizer Grössen wie Hodler und Max Bill. Regelmässig sorgt das Kunsthaus mit spektakulären Wechselausstellungen für internationales Aufsehen. Zurzeit ist ein imposanter Erweiterungsbau in Planung.

HEIMPLATZ ··· NIEDERDORF

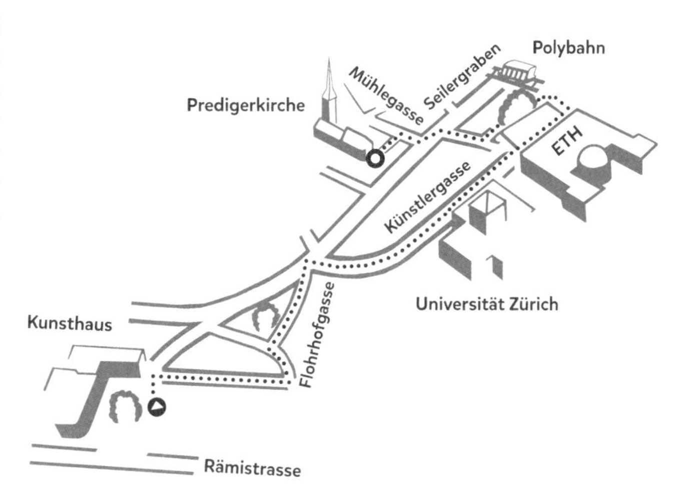

Dort, wo das Kunsthaus in Form eines riesigen Rechtecks weit zur Ecke des Heimplatzes hin gebaut ist, gehst du auf der gegenüberliegenden Strassenseite rechts die Kantonsschulstrasse hoch. Ein kleines Stück weiter oben biegst du links in die Florhofgasse ein. Diese malerische Gasse führt dich an vielen sehenswerten Gebäuden vorbei, unter anderem am Florhof, einst exklusive Seidenfabrik, oder am Musikwissenschaftlichen Institut. Eine kleine, angenehme Überraschung ist jedoch der versteckte, fast ein wenig verwunschen wirkende, 2013 frisch renovierte Rechberggarten an der Florhofgasse – eine prachtvolle, terrassenförmig angelegte barocke Gartenanlage. Der Garten gehörte ursprünglich zum ehemaligen Palais Rechberg.

Das Landei ***«Dieser Garten ist für ein Landei gewöhnungsbedürftig. Ich stehe eher auf deftige Gemüsegärten. Aber interessant ist es schon, was für eine lange Geschichte dieser Barockgarten hat und wie man ihn mit viel Liebe zum Detail restauriert.»***

AHA!

Wo Albert Einstein büffelte

Die Universität Zürich mit ihren knapp 8000 Angestellten und über 26'000 Studierenden ist die grösste Universität der Schweiz und gilt als eine der Besten im deutschsprachigen Raum. Die Studierenden machen Zürich zu einer lebendigen Stadt. Ein paar von ihnen wurden weltberühmt: Dazu gehören Conrad Röntgen, Rolf Zinkernagel und Albert Einstein. Museen und Sammlungen der Universität, auch das Zoologische Museum, machen die Forschungserfolge der Öffentlichkeit zugänglich.

Nach dem Haus zum Rechberg gehst du rechts die Künstlergasse hoch ins Hochschulquartier. Hier befinden sich die Universität von Zürich und die Eidgenössische Technische Hochschule (ETH). Der markante Turm mit dem grünen Blechdach gehört zum Erscheinungsbild von Zürich wie das Hauptgebäude der ETH, das wie ein Parlamentsgebäude auf der Anhöhe gebaut wurde.

Die Route führt dich hoch zur Polyterrasse, ein grossflächig zur Stadt hin angelegter Platz direkt vor den Toren der ETH. Erhasche dort einen letzten tollen Ausblick über die ganze Stadt und einen Grossteil der Route. Lasse die gesamte Wanderung Revue passieren. Du kannst viele Orte erkennen, an denen du vorbeigewandert bist: die Kirche Enge, die Hardau, der Prime Tower usw.

Das alte, gut erhaltene Holzhäuschen, das am Ende der Aussichtsterrasse liegt, ist die Bergstation der Polybahn. Das «Polybähnli» ist seit der Inbetriebnahme 1889 Wahrzeichen und Heiligtum in einem und weckt Nostalgie. Als vor Jahren diskutiert wurde, die Bahn aufzuheben, ging ein Sturm der Entrüstung durch die Stadt. So blieb die Polybahn bestehen und ist heute als Studentenexpress mit zwei Millionen Fahrgästen pro Jahr eines der meistgenutzten Verkehrsmittel von Zürich.

Auch wenn es verlockend wäre, die Bahn zu benutzen, wanderst du weiter und nimmst links neben dem Stationshäuschen die Treppe hinunter Richtung Stadt. Das letzte Mal auf dieser Wanderung bewegst du dich in der Natur. Der Weg führt dich leicht unterhalb der Polyterrasse weiter und als Nächstes die gepflasterte Schienhutgasse hinunter. Du gehst an schönen Bauten aus der Biedermeierzeit vorbei zum Hirschengraben. Rechterhand siehst du das Hotel St. Josef.

Tipp

HOTEL ST. JOSEF

Altstadtflair: Grüne Fensterläden, unverkennbar und charmant – das ist das Hotel St. Josef. Es liegt an der gleichen Strasse, die einst Wohnort von Heinrich Pestalozzi und Johanna Spyri war. Der romantische Hotelgarten lädt dich ein, die Wanderung und die gewonnenen Eindrücke in Ruhe zu geniessen.

Der Blick von den Überresten der mittelalterlichen Stadtmauer auf die Innenstadt verrät die Nähe zum Zentrum. Gehe die schräge Rampe hinunter und überquere den stark befahrenen Seilergraben. Schon befindest du dich im Niederdorf, das auch «Niederdörfli» genannt wird. Es ist einer der bekanntesten Stadtteile von Zürich. Eine Flanierzone mit versteckten Gassen und Vergnügungsvierteln. Das beschauliche und verspielte Dörfli macht deinen Spaziergang zum Erlebnis. Mit seinen zahlreichen Bars, Clubs und Restaurants ist es ein Ort der Kontraste, wo Vielfalt, Geschichte und Kultur eine faszinierende Mischung abgeben.

Gleich am Anfang der Mühlegasse biegst du links in die schmale Chorgasse ein. An deren Ende führt dich die Route nach rechts, vorbei an der Predigerkirche und dem Froschaubrunnen, den Christoph Froschauer, der erste Buchdrucker in der Stadt, Zürich spendete. Über den Predigerplatz gelangst du hinunter zur Hauptgasse des Dörflis, der Tag und Nacht belebten Niederdorfstrasse. Du befindest dich nun am Hirschenplatz, mitten im Herzen des charmanten Niederdorfs mit seinen vielen trendigen Shops, pittoresken Altstadtläden, Restaurants und Bars.

Tipp

PLATZHIRSCH

Der Hirsch am Platz: Die elegante und moderne Bar (mit 24 Hotelzimmern) bietet das richtige Ambiente, um auf den Erfolg der gesamten Wanderung anzustossen. Neuartiges Interieur mit spannenden Möbeln wird kombiniert mit einem Hauch von Tradition und antiken Details. Dass das Lokal am belebten Hirschenplatz mitten im Niederdorf steht, macht den Besuch genauso prickelnd wie der Champagner, den du hier trinken kannst.

NIEDERDORF ••• HAUPTBAHNHOF

An der Ecke bei der Platzhirsch-Bar, dort wo die weisse Bahnhofsuhr dir bereits den Weg weist, gehst du rechts der Niederdorfstrasse entlang Richtung Bahnhof. Schon bald gelangst du zum Central, einem Nadelöhr des öffentlichen und privaten Verkehrs. Von hier aus sind es nur noch wenige Schritte über die Brücke zum Etappenziel, dem Hauptbahnhof mit dem schwebenden Engel, unter dem alles begann.

Geschmorte
Schweinshaxe
Gemüsebouquet
Salzkartoffeln
Fr. 25,80
Enjoy your meal with Coca-Cola
Durchgehend
Warme Küche

TEXTE Wir Autoren wurden während des Schreibens der Buch- und App-Texte als Patienten zeitweise von René Moor von moor.text therapiert. Die erzielte Wirkung der textlichen Behandlung spiegelt sich positiv in den wandervollen Texten wider.

KORREKTORAT Ebenso halfen uns Christine Mäder, Rolf Kocher und die Senfer fleissig beim Korrigieren der Texte. Letzen Endes sollte aus all unseren Texten und Bildern ein ansprechendes Buch entstehen.

BUCH-GESTALTUNG Das Layoutkonzept entstand zwischen Aarau und Berlin. Es wurde von Andreas Ott von der Agentur a+o grafik design und seiner Arbeitspartnerin Andra Kradolfer realisiert und umgesetzt.

ILLUSTRATION Um die grafische Umsetzung der unterschiedlichen Gemüter kümmerte sich Johannes Köberle. Er zeichnete die vier Charaktere wie auch die vielen Kartenausschnitte.

FOTOGRAFIE Gewisse Dinge lassen sich am besten in Bildern ausdrücken. Daher ist dieses Buch auch gefüllt mit Bildern, die den Fokus auf gewisse Details legen oder besondere Momente festhalten. Viele Bilder konnten wir Autoren während unserer Wanderungen selbst festhalten. Doch in vielen Fällen durften wir auch auf die Unterstützung von Fotografen wie Yannis Christ und Marcel Herzog zählen.

VERLAG Schliesslich fanden wir mit dem WERD & WEBER Verlag einen partnerschaftlichen Verlag, der uns in den Bereichen Marketing und Vertrieb unterstützt.

DRUCK Gedruckt wurde das Buch von Speckprint, einer innovativen Druckerei aus Baar.

APP Die wandervolle Smartphone-App wurde zusammen mit dem kreativen Unternehmen Garzotto GmbH entwickelt.

WEBSITE Die Website wandervoll.ch verdanken wir unserem Kollegen, dem IT-Profi Christoph Camenzind. Er war es, der uns technisch vieles ermöglichte und auch den Web-Shop verwirklichte.

Dieses umfassende und komplexe Projekt war für uns beide eine wandervolle Herausforderung. Ohne die unermüdliche Mithilfe unseres tollen Teams hätten wir es nicht geschafft. Gemeinsam haben wir das erreicht, worüber sich heute viele Stadtwanderer freuen dürfen.

Für den grossen Fleiss und die Anstrengungen aller Mitwirkenden möchten wir uns an dieser Stelle ganz herzlich bedanken.

Beat und Michael